Vera

Auf dem roten Teppich

Erinnerungen an Frieda Goralewski

1893–1989

2. Auflage. Herausgegeben von der Goralewski-Gesellschaft.
Erarbeitet von der Goralewski-Arbeitsgemeinschaft:
Kathrin Denizart, Gabriele M. Franzen, Leonore Quest,
Marianne Schwandt, Ina Schwebes, Elisabeth Trautmann.
Überarbeitet von Sibylle Köhler.

Redaktion: Leonore Quest, Marianne Schwandt,
Ina Schwebes, Elisabeth Trautmann

Bibliografische Information der Deutschen Nationalbibliothek:
Die Deutsche Nationalbibliothek verzeichnet diese Publikation
in der Deutschen Nationalbibliografie; detaillierte bibliografische
Daten sind im Internet über http: //dnb.de abrufbar.

© 2018 Goralewski-Gesellschaft e. V.
www.goralewskigesellschaft.de
Satz, Umschlaggestaltung, Herstellung und Verlag:
BoD – Books on Demand
ISBN: 978-3-7460-8822-8

INHALTSVERZEICHNIS

ANHANG

Vorwort zur 2. Auflage

Nun sind 13 Jahre vergangen, in denen dieses Buch viele Menschen in die Hand genommen und sich daran gefreut haben. Jedenfalls erreichten uns immer wieder positive Rückmeldungen.

Das hatten wir, die „Buchgruppe", kaum zu träumen gewagt – und wir möchten hiermit noch einmal allen danken, die mit so viel spürbarer Freude uns damals von ihrem Erleben mit Gora schrieben und damit das Entstehen des Buches überhaupt möglich gemacht haben.

Es ist ein guter Botschafter unserer Arbeit geworden – im Wacher- und Lebendigerwerden für das, was uns umgibt und fordert.

So ist es sehr zu begrüßen, dass die Goralewski-Gesellschaft eine zweite Auflage auf den Weg gebracht hat.

Leonore Quest und Thomas Niering, Berlin im Herbst 2018

Einleitung

Sehr viele von denen, die hier geschrieben haben, lernten Gora kennen, als sie schon über siebzig Jahre alt war. Die früheste Erzählung über Goras Tätigkeit in Berlin stammt von Alice Aginski. Sie kam, 93jährig, zur Einweihung der Heinrich Jacoby – Elsa Gindler – Stiftung aus Frankreich nach Berlin.[1] Von 1928 an, nach ihrer Ausbildung bei Elsa Gindler, besuchte sie weiter die Kurse von Elsa Gindler und auch die von Gora.[2] Zu dieser Zeit war Gora 35 Jahre alt. Alice Aginski sprach mit großer Achtung und Freude von Gora. Sie konnte sich sehr gut an sie erinnern.

An die Zeiten vor und während des Zweiten Weltkrieges erinnert Ernst Zivier, als er, noch ein Kind, mit seiner Mutter bei Gora „turnte".

Interessante Anmerkungen fanden wir in den biografischen Erzählungen der Schauspielerin Ursula Herking.[3] So schreibt sie in ihrem Buch, dass sie „arge Kopfschmerzen" hatte, die dank Gora verschwanden. Seit 1938 kannte sie Gora schon und gehörte somit zu ihren ältesten „Auf-dem-Teppich-Liegerinnen".

Ihr Arzt hatte ihr geraten: „Hör auf mit deinen strammen sportlichen Leistungen. Das verkrampft dich nur. Und das ist weder für dich noch für dein Kind gut. Wenn du dein Kind leicht und gut bekommen willst, geh zu Gora."

Sie schreibt weiter, dass sie einen Horror vor Gymnastik jeder Art hatte, „auf dem Teppich liegen, sich entspannen usw.". Und doch sei sie bis heute, dank Gora, „auf dem Teppich" geblieben.

Müdigkeit, schlechte Laune, sogar handfester Kummer, alles rückte sich auf dem Teppich zurecht. Goras Wohnungen wechselten, die Teppiche wechselten, aber immer schenkten ihr die anderthalb Stunden bei Gora diese beglückende, schwebende Leichtigkeit.

„Man brauchte ihr nichts zu erzählen. Sie sieht, sie begreift, sie hilft. Sie ist Güte, ohne den leisesten Beigeschmack von Sektierertum, Sentimentalität oder gar Verlogenheit. Sie bringt es fertig, dass man sich nie unbequem oder verlegen in ihrer Schuld fühlt. Sie ist so selbstverständlich, dass man diese Selbstverständlichkeit dankbar entgegennimmt.

Mir kommt es vor, als habe sie sich in all diesen Jahren nicht verändert. Gewiss, die kurzen Haare sind grau geworden, aber die Augen sind dieselben geblieben, zärtliche, zugleich wach beobachtende Augen. Die leise, aber ganz und gar bestimmte Stimme mit dem hannoveranischen ‚st' weiß sich in einem Rudel ausgelassener Kinder, aber auch in einem plötzlich ausbrechenden Geschwätz eines Pulks auf dem Teppich liegender Erwachsener durchzusetzen. Dann herrscht Stille.

Man denkt, man tut hier ja gar nichts, aber wenn man lange nicht da war, hat man am nächsten Tag einen Muskelkater, der sich gewaschen hat."

Wir waren sehr erstaunt, in dem biografischen Roman der Schriftstellerin Barbara Noack[4] „Jennys Geschichte", eine Notiz über Gora aus den Kriegsjahren zu finden: „Am Morgen nach so einem Angriff fuhren Gestapo-Leute durch Straßen mit schweren nächtlichen Bombenschäden auf der Suche nach ‚Lemmingen', den bisher versteckten, inzwischen schutzlos umherirrenden Juden. Meist hatten sie keinen Erfolg dank Menschen wie Lilli Schönberg und der Gymnastiklehrerin Gora, die einen Freund bei der Gestapo hatte, der sie rechtzeitig unterrichtete, wenn eine ‚Aktion' bevorstand. Gora hatte einen gut funktionierenden Nachrichtendienst eingerichtet, durch den innerhalb kurzer Zeit alle Untergetauchten rechtzeitig gewarnt werden konnten."

Alle anderen uns bekannten Begegnungen stammen aus der Zeit nach dem Krieg.

Dorothea Florian ging in den 50er Jahren zu ihr. Es folgen die Schüler der sechziger Jahre wie Antoinette Becker, Heidemarie Fitzi-Theobald, Eike Steinmetz und Irene Sieben. Aus den siebziger und achtziger Jahren berichten Marianne Schwandt, Heinz Willig, Frank Frey, Gunter Stallmann, Ursula Müller, Leonore Quest, Gabriele Franzen, Lisa Fehrenbach, Virginia Fermanian, Thomas Niering, Wolfgang Lindner und Bignia Corradini. Gora selbst erzählt aus ihrem Leben in einer Stunde im Jahr 1984. Sie lernte in den frühen zwanziger Jahren bei Elsa Gindler und erhielt von ihr die

Lehrberechtigung. Weil es aus dieser Zeit so wenig Zeugnisse gibt, mögen Goras eigene Erzählung und die der anderen das Wichtige veranschaulichen.

Warum liegt uns das Buch am Herzen? Es hilft erinnern. Erinnerung braucht Stärkung.

Erinnern werden sich diejenigen Menschen, die noch bei Gora gelernt haben, und die Menschen, die sie persönlich nicht mehr kennenlernen konnten, aber in der Tradition ihrer Arbeit stehen.

Dieses Buch kann eine Anregung für Menschen sein, die sich interessieren für das weitgespannte Angebot an Körpertherapien.

Auch für uns, die wir die Beiträge gesammelt haben, gab es viele bereichernde Begegnungen. Aus den verschiedenen handgeschriebenen, gedruckten und auf Kassetten gesprochenen Texten ist diese Auswahl entstanden.

Leider stand uns wenig Bildmaterial zur Verfügung. Genauso sieht es mit anderen Zeugnissen aus. Vom Stadtarchiv in Hildesheim, ihrer Geburtsstadt, erhielten wir Angaben zu ihrer Familie. Einige Briefe von Gora wurden uns überlassen. Diese Briefe, Fotos, Dokumente sowie Auszüge aus den Ausbildungs-CDs finden sich im Anhang.

Unser Dank gilt allen, die bei der Erstellung dieses Buches mitgearbeitet haben.
Katrin Denizart, Gabriele Franzen, Leonore Quest, Marianne Schwandt, Ina Schwebes und Elisabeth Trautmann

[1]   Im Mai 2000 eröffnete die Heinrich Jacoby-Elsa Gindler-Stiftung ihre neuen Räume in der Teplitzer Straße in Berlin. Es war das erste Mal seit ihrer Emigration 1933, dass Alice Aginski Berlin wieder besuchte.

[2]   Alice Aginski: Sur le Chemin de la detente, Guy Tredaniel Editeur, Paris 1994, S. 20.

[3]   Ursula Herking: Danke für die Blumen, Bertelsmann Verlag, München 1973, S. 194 f.

[4]   Barbara Noack: Jennys Geschichte, Langen Müller Verlag, München 1999, S. 292.

Wenn etwas mir vom Fenster fällt

(und wenn es auch das Kleinste wäre),

wie stürzt sich das Gesetz der Schwere

gewaltig wie ein Wind vom Meere

auf jeden Ball und jede Beere

und trägt sie in den Kern der Welt.

(...)

Rainer Maria Rilke: Werke in drei Bänden, Insel Verlag, Frankfurt am Main 1966, Bd. I, S. 76 f.

Irene Sieben
Für Frieda Goralewski

Sie war eine Institution in Berlin. Alle nannten sie Gora, die Künstler ebenso wie die Kinder. Auf ihrem roten Teppich räkelten und regenerierten sich über ein halbes Jahrhundert lang mehrere Generationen, von werdenden Müttern bis zu den Sprösslingen, die unter ihren gütigen, wachsamen Augen groß und schließlich auch grau wurden. Unzähligen Babys verhalf sie zu einem leichteren Weg auf diese Welt. Suchenden und Sorgenvollen zeigte sie den Schlüssel für ein tieferes Verständnis ihres Seins, die Wahrheit des Augenblicks.

Regisseur Fritz Kortner, Schauspieler wie Klaus Kammer, Gudrun Genest, Heidemarie Theobald und Ursula Herking, Musiker wie Aurèle Nicolet und Gerty Herzog-Blacher, die Schriftsteller Antoinette Becker und Hans Nowak, die Tänzer Frank Frey und Tana Herzberg gehörten zu ihren prominentesten Schülern. Hier lernten auch sie loszulassen, ihre Sinne zu sensibilisieren, aufrecht zu stehen, harmonisch zu gehen und dem Atem als Quelle des Lebens zu vertrauen – „Alltäglichkeiten", die vielen den Weg wiesen zu mehr Lebensqualität und Kreativität.

Am 6. Januar 1989 ist Frieda Goralewski im Alter von 95 Jahren gestorben. Die Geschicke ihrer Schule für Atem, Stimme und Bewegung am Oberhaardter Weg, in der sie noch zwei Tage vor ihrem Tod unterrichtete, lenkte seit fünf Jahren schon Michel Benjamin, in dessen Familie sie, die mit bedingungsloser Liebe für andere gelebt hatte, Geborgenheit fand. Doch Gora blieb – trotz wachsender Behinderung durch ein Hüftleiden – das Herzstück, die zärtliche und zuletzt sogar strenge Hüterin ihres Hand- (und Fuß-)werks.

Hunderte folgten ihrem Sarg, Jung und Alt, Kinder und Schwangere, jede, jeder mit einer eigenen, sehr persönlichen Gora-Geschichte. Denn das gehörte zu den Eigenheiten dieses menschlichsten aller Menschen: Sie konnte, ohne viel zu sagen und während sie mit ihren „zuverlässigen spachtelförmigen Fingern" (Zitat aus Ursula Herkings Autobiografie

„Danke für die Blumen") irgendeine Hartnäckigkeit wegknetete, ihrem Gegenüber das Gefühl uneingeschränkter Aufmerksamkeit, Liebe und grenzenlosen Verständnisses geben. „Ich habe gedacht, sie lebt ewig", trauerte einer ihrer Schüler. Er spricht vielen, denen ein Leben ohne Gora unvorstellbar scheint, aus der Seele. Jeder wusste, wie alt sie war, und dennoch schien sie alterslos, mal Kind, mal weise Frau, nie aber Greisin.

Frieda Goralewski, in Hildesheim geboren und in Danzig zur Volksschullehrerin ausgebildet, hat ihr Tun nie benannt oder zur Methode entwickelt. Sie folgte damit ihrer Lehrerin Elsa Gindler, deren ganzheitliche Arbeitsweise in der ersten Hälfte des zwanzigsten Jahrhunderts völlig unspektakulär die Wurzel für alle Körper und Geist vereinigenden Lehren und Techniken der Selbstfindung pflanzte. Viele Jahrzehnte lang stand an Goras Tür (in der Pariser, der Nachod- und der Nassauischen Straße) nur schlicht Goralewski. Sie hat nie für sich geworben. Manchmal nannte sie es „Turnen", was sie vermittelte, dabei war es kurioserweise genau das Gegenteil, denn mit Können, Leistung und zielgerichtetem Lernen hatte es überhaupt nichts zu tun. Spüren, wahrnehmen, geschehen lassen, über diesen Weg führte sie ihre Schüler zur inneren Balance. Die Entscheidung, Atem- und Bewegungslehrer heranzubilden, stammt aus jüngster Zeit, seit ihre Schule einen Namen hat, Michel Benjamin und Leonore Quest ihre Partner wurden.

Die Schülerinnen von Elsa Gindler retteten den Reichtum ihrer „Versuche" (so nannte sie die experimentelle Arbeit an der Persönlichkeitsbildung), jede auf ihre ureigene Weise, in die Gegenwart hinüber.

Die Gindler-Nachkommen scheinen selbst von diesem Jungbrunnen wunderbar profitiert zu haben, denn sie erreichten ein biblisches Alter. Sophie Ludwig[1] – Nachlassverwalterin von Elsa Gindler – starb 1997 in Berlin im Alter von 96 Jahren. Charlotte Selver[2], die als Emigrantin der Gindler-Arbeit in den USA den Namen „Sensory Awareness" gab und ihr zu mehr Ansehen verhalf, als es in Deutschland je geschah, wurde wie Sophie Ludwig 1901 geboren. Sie durfte 102 Jahre alt werden. Elfriede Hengstenberg[3] – in Berlin vor allem wegen ihrer vorbildlichen Kinderpädagogik bekannt – lebte von 1892–1992. Alle unterrichteten bis ins hohe Alter.

Was Gora sich aus diesem Gindler-Erbe herausgefiltert und vermittelt hat, ist höchst persönlich und entzieht sich jeglichem Prinzip. „Eine sehr subjektive Arbeit", sagt Claudia Feest, Tänzerin, Choreografin und Lehrerin der Tanzfabrik in Berlin. „Spüren, erleben und geschehen lassen, das sind wohl die wesentlichen Elemente, nicht die technischen Bewegungsabläufe. Gora war keine schulische Lehrerin, vielmehr eine Lehrerin in der Art, wie Zen-Schüler von ihrem Meister sprechen. Für mich bedeutete die Ausbildung eine Möglichkeit der Selbstfindung."

Auch ich, die Autorin dieses Nachrufes, habe als Tänzerin mit massiven körperlichen Problemen vor fast zwanzig Jahren unter Goras warmem Schutz ein völlig verändertes Verständnis für meinen Körper (und meine Seele) gefunden. Ich habe beim Balancieren auf Keulen, Strick und Schwebestange zusehen können, wie meine Füße durchlässig wurden. Ich habe gelernt zu „lassen" statt zu „machen", zu üben, ohne zu üben. Das Phänomen Schwerkraft erschloss sich bei diesen einfachen Übungen, die so gar nichts Gymnastisches oder Kompliziertes an sich hatten, als nie endendes Lehrstück für die Gesetze unseres Seins auf diesem Planeten.

Mit der Spannung, die aus meinen Muskeln und Gelenken wich, mit dem Atem, der alle von Anstrengung, Ehrgeiz und Frustration verkrampften Zellen neu belebte, zeichnete sich ein neuer Lebensweg ab, als Bewegungslehrerin. Dass es nicht „Technik" ist, sondern Liebe und innere Heiterkeit, womit man die Menschen erreicht, für diese Erkenntnis legte sie den Samen. Und dafür danke ich ihr in jeder Stunde, die ich gebe.

Zuerst erschienen in: tanz aktuell 2 – 1989, S. 34 f., überarbeitete Fassung mit freundlicher Genehmigung der Autorin.

[1] Sophie Ludwig, 1901–1997.

[2] Charlotte Selver, 1901–2003.

[3] Elfriede Hengstenberg, 1892–1992.

Ernst Zivier
Rückblick im Jahr 2000

Ich war schon als Kleinkind mit meiner Mutter bei Gora. Meine Erinnerungen daran sind dunkel, und was man mir später darüber erzählt hat, betrifft eher mein eigenes Verhalten als den Unterricht.

Da meine Mutter nicht im Schwangerenkurs war – ich habe sie später danach gefragt –, nehme ich an, dass die Verbindung durch einen Freund meines Vaters hergestellt wurde, den Schriftsteller Hans Nowak. Er litt an Morbus Bechterew (versteifende Wirbelentzündung) und Gora konnte ihm durch Übungen und Massagen Erleichterung verschaffen. Hans Nowak ist übrigens der Einzige, von dem ich mich entsinne, dass Gora ihn als ihren Freund bezeichnete. Von einem anderen Bekannten meiner Eltern, dem Schriftsteller und Rundfunkintendanten Ernst Hardt, ist mir der Ausspruch überliefert worden, Gora habe magische Hände.

Ich weiß nicht mehr, wann ich zum letzten Mal als Kind bei Gora war. 1939 begann der Krieg, und bald darauf kam ich zur Schule. Meine Mutter und ich gingen seltener und später gar nicht mehr in die Kurse. Vielleicht lag das auch an der Verfolgungssituation, der wir alle ausgesetzt waren. Mein Vater war Jude – da meine Mutter aber „arisch" war und ich christlich getauft wurde, blieb uns das Schlimmste erspart. Aber der Druck und die Angst wuchsen ständig. Abgesehen davon, dass mein Vater als Schriftsteller nichts veröffentlichen durfte – er schrieb zusammen mit Hans Nowak Bücher, die unter dessen Namen erschienen –, wusste man nie, ob die Verfolgungsmaßnahmen nicht in vollem Umfang auf die „privilegierten Mischehen" ausgedehnt werden könnten.

Auch Gora wurde von den Nazis mit Misstrauen beobachtet und in ihrer Tätigkeit behindert, obgleich sie nicht jüdischer Abstammung war und sich auch nicht politisch betätigt hatte. Wahrscheinlich passte ihre Art des Turnens nicht in das Programm der nationalsozialistischen „Leibeserziehung", vielleicht bestand auch Verdacht gegen einen Teil ihrer Schüler oder gegen die Schule von Elsa Gindler, aus der sie stammte. Wenn ich den Bericht, den sie selbst auf Band gesprochen hat, richtig verstanden habe, konnte sie ihren Unterricht nach einer Zeit der vollkommenen Unsicherheit mehr oder weniger inoffiziell weiterführen.

Ich weiß es nicht, aber vielleicht hat all dies dazu beigetragen, dass meine Mutter und ich immer seltener zu Gora gingen. Ab 1942/43 war ich nicht mehr in Berlin.

Mindestens einmal in dieser Zeit hat Gora uns besucht. Meine Mutter hat mir davon berichtet und vor allem eine Bemerkung wiedergegeben: Sie (Gora) könne sich gar nicht vorstellen, wie man lebt, ohne zu „turnen".

Ich erwähne dies vor allem deshalb, weil Gora in ihrer bescheidenen und doch so bestimmten Art immer dieses einfache Wort verwendete, das so gut passte und trotzdem jemanden, der ihre Kurse nicht kannte, vollkommen in die Irre führen konnte. Aber von Modewörtern hielt sie nichts.

Es ist ja schwer oder unmöglich, mit wenigen Worten zu erklären, worum es bei Gora und ihren Nachfolgern geht ...

Man kann sagen, dass sie aus der Schule von Elsa Gindler kam und deren Methoden selbständig weiterentwickelt hat – mit einem Tonfall und einem Gesichtsausdruck, als ob damit alles klar wäre. Man kann ein paar Sätze über Atem- und Entspannungsgymnastik murmeln oder man verwendet Bezeichnungen, die von Goras Nachfolgern und von nahestehenden Richtungen eingeführt worden sind. Am treffendsten ist meiner Ansicht nach das Wort „Körperbewusstsein" (body awareness).

Alle diese Erklärungen sind aber nur von begrenztem Wert, weil es Erkenntnisse gibt, die sich nicht verbal übermitteln lassen, die sich also jeder, der sich ernsthaft dafür interessiert, selbst erarbeiten muss – zumeist unter der Anleitung eines Lehrers oder „Meisters". Was Gora und ihre Nachfolger tun, ist indessen alles andere als irrational.

Zurück zu meinen persönlichen Erinnerungen. Ich selbst ging nach dem Krieg, also im Alter zwischen 13 und 17 Jahren, noch ein paarmal in die Stunden für die „großen Kinder". Aber in dieser Zeit fehlte mir die Konsequenz. Zeitweilig befasste ich mich überhaupt nicht mit „Turnen", wahrscheinlich durch die „Leibesübungen" in der Schule abgeschreckt, zeitweilig interessierte ich mich im Fahrwasser meiner Schulkameraden für sensationsträchtigere Sportarten.

Zur dritten und entscheidenden Begegnung kam es während meiner Referendarzeit, etwa im Jahr 1958, als meine Freundschaft mit Eva begann. Wir besuchten einen Studienkollegen, Hans Schüßler, und er erzählte voller Begeisterung, dass er eine wunderbare Gymnastiklehrerin gefunden habe, die seine schweren – anlagebedingten – orthopädischen Leiden heilte. Er nannte den Namen: Goralewski, und ich lachte: „Bei der war ich ja schon als kleines Kind."

Eva und ich gingen dann regelmäßig zu den Kursen – in dieser Zeit noch streng nach Frauen und Männern getrennt. Gora hat mir einmal gesagt, warum: Nicht etwa, weil sie oder irgendjemand gemeinsames „Turnen" als anstößig empfunden hätte. Sie hatte es einmal mit gemischten Kursen versucht; die daran teilnahmen, hatten sich ständig gegenseitig korrigiert („Hast du nicht gehört, was Frau Goralewski gesagt hat?"). Da bei den Schülern die Frauen weit in der Überzahl waren, war ich in den Männerstunden manchmal der Einzige. Gora massierte mich dann etwa 30 Minuten lang und ließ mich in der übrigen Zeit „turnen". Ich genoss nicht nur diesen Einzelunterricht, sondern auch die neidischen Blicke der Frauen, die in großer Zahl zur folgenden Stunde kamen.

Organisatorisch – soweit man das Wort auf die Kurse in dieser Zeit überhaupt anwenden kann – hatte sich seit Jahrzehnten nichts geändert. Alle Stunden waren „offen" (abgesehen von der Trennung nach Frauen, Männern, Schwangeren, Kindern usw.). Man kam so oft man wollte und schätzte sich für die monatlichen Zahlungen selbst ein. Gora machte um Weihnachten/Neujahr für etwa zwei Wochen Urlaub, abgesehen davon fanden die Stunden das ganze Jahr über statt, zur gleichen Zeit an den gleichen Wochentagen. Der Umzug von der Nachod- in die Nassauische Straße änderte daran nichts.

Als wir ein Kind erwarteten, ging Eva zu den Schwangerschaftskursen und parallel dazu zu den normalen Stunden für Frauen. Sie hat noch kurz vor der Geburt unseres Sohnes Ezra eine Übung mitgemacht, die sie als „Krakowiak-Tanzen" bezeichnete (d. h. hinhocken und abwechselnd die Beine ausstrecken). Auch Ezra ging dann als Kleinkind und Kind zu Gora.

Zu organisatorischen Änderungen kam es erst in den 70er Jahren. Gora war im „Stattbuch" erwähnt worden, einer Art alternativem Berlin-Führer. Eines Tages, kurz bevor die Stunde anfing, klingelte es noch einmal – irgendjemand ging zur Tür und sagte: „Da sind noch furchtbar viele Leute draußen." Ich ergänzte zum Spaß: „Das ganze Treppenhaus ist voll" – und ahnte nicht, dass dieser Scherz bald von der Wirklichkeit eingeholt werden sollte.

Gora wäre den organisatorischen Aufgaben, die jetzt auf sie zukamen, nicht mehr gewachsen gewesen. Es war eine glückliche Fügung, dass Michel Benjamin in dieser Zeit begonnen hatte, mit ihr zusammenzuarbeiten – zuerst als eine Art Meisterschüler, dann als Assistent und zweiter Lehrer und schließlich als Goras Arbeitgeber. Er übernahm die Schule (oder das Institut, wie er es später nannte), und Gora wurde als Lehrerin bei ihm eingestellt – was natürlich prompt dazu führte, dass zwei Herren von der BfA in eine Stunde platzten, um zu ermitteln, was es mit einer über 70jährigen Arbeitnehmerin auf sich hatte.

Mit der – unvermeidlichen – Organisation begann auch die Zeit der Änderungen. Die strenge Trennung nach Männern und Frauen war schon etwas früher aufgegeben worden. Die Räume in der Nassauischen Straße wurden zu eng – Michel und Gora suchten verzweifelt nach einer passenden Unterkunft für die Schule und fanden schließlich die Villa im Oberhaardter Weg im Grunewald.

Man darf das aber nicht so verstehen, als ob Michel nur der Mann war, der den notwendigen organisatorischen Rahmen für Goras wachsenden Schülerkreis geschaffen hätte. Er war der Erste, der das, was wir bei Gora gelernt hatten, aktiv weitergab, und er gab uns die Hoffnung, später die Gewissheit, dass die Arbeit fortgesetzt werden konnte, wenn Gora einmal nicht mehr für uns da sein sollte. Bald danach nahmen andere die Arbeit auf, die die Fähigkeit hatten zu lehren – als eine der Ersten Leonore Quest, unsere jetzige Lehrerin –, und schließlich wurden als institutioneller Rahmen die Ausbildungskurse für künftige Lehrer geschaffen. Außerdem waren Michel, seine Frau Inge Buchwald, der Sohn Elias und die engsten Freunde für Gora – nach dem Tod der Freundin Fritzi Gottschalk und der eigenen Schwester – so etwas wie eine Familie. Sie haben Gora, die bei voller geistiger Klarheit körperlich immer gebrechlicher wurde, aufopfernd gepflegt und ihr die Möglichkeit gegeben, bis zum Tag vor ihrem Tod zu unterrichten.

Zu den organisatorischen Änderungen kamen auch inhaltliche. Die „offenen Stunden" wurden schrittweise durch Intensivkurse und Ausbildungskurse ergänzt. Ich entsinne mich an die erste Stunde, die ich in einem solchen Lehrgang mitgemacht habe – es handelte sich wohl um eine Vorform der späteren Ausbildungskurse. Wir kamen an einem Wochenendvormittag voller Spannung und Tatendrang (noch) in die Nassauische Straße. Gora saß mit Michel und ihren engsten Freunden auf dem Balkon und frühstückte (es ist nach meiner Erinnerung das einzige Mal, dass ich sie mit Genuss essen sah). Sie blickte alle Schüler, die sie begrüßen wollten, finster an und sagte nichts als „Turnzimmer". Es war ihr deutlich anzumerken, dass sie von der ganzen Neuerung nicht begeistert war und bis zum Beginn der Stunde nicht recht wusste, was sie mit uns anfangen sollte.

Irgendwann in dieser Zeit muss ihr aber auch selbst der Gedanke gekommen sein, dass sie für ihre Schüler – auch und besonders für die älteren, zu denen sie ein enges persönliches Verhältnis hatte – nicht ewig da sein konnte. Sicher war es schon früher für sie enttäuschend – wie man heute sagen würde „frustrierend" – wenn die Teilnehmer ihre Kurse entspannt und in richtiger Körperhaltung verließen und zur nächsten Stunde wieder mit den alten Verspannungen und Haltungsfehlern erschienen. Aber für jemanden, der sieben Tage im Beruf oder im Haushalt mit dem profanen Leben konfrontiert wird, sehen die Dinge anders aus als für jemanden, der das Körperbewusstsein in den Mittelpunkt seines Lebens gestellt hat.

Das zeigte sich immer stärker in der Zeit der wachsenden Organisation und Differenzierung. Als Eva an einem Intensivkurs teilnahm, hat sie sich einmal bei mir darüber beklagt, dass dort nicht nur „geturnt" wurde, wie sie es von Gora gewöhnt war, sondern dass man auch über den Inhalt der Stunden diskutierte und aus passenden literarischen Texten vorlas. Bald darauf hat sie Michel nach einer „offenen Stunde" vorgeworfen, dass er den normalen Unterricht (oder die „Laienkurse", wie es schon damals hieß) zugunsten der Ausbildungskurse vernachlässigen würde. Ich verstand, dass Michel schockiert war – er war überhaupt nicht auf eine kontroverse Diskussion eingestellt, sondern nur auf ein freundliches Gespräch über das Ergebnis der Stunde, die gerade stattgefunden hatte. Aber ich verstand auch Evas Position und habe noch einmal in einem Brief an Michel auf das Problem hingewiesen.

Einige Wochen oder Monate später lud Gora uns an einem Sonntagvormittag in den Oberhaardter Weg ein. Sie hielt uns beiden so etwas wie eine kurze Ansprache, die darauf hinauslief, dass Eva ihr versprechen musste, auch wirklich weiterzugeben, was sie gelernt hatte. Dann überreichte sie ihr ein Zeugnis (von Gora, Michel und Leonore unterschrieben), dass Eva befähigt sei, nach der Methode Goralewski zu unterrichten. Die Datenangabe, dass sie von ... bis ... an einem Ausbildungskurs teilgenommen hatte, war offen geblieben – alle die Jahre, in denen sie ständig zu Gora gegangen war, waren ihre Ausbildung.

Für Eva und für mich war der Knoten damit gelöst. Aber es blieb die Erkenntnis: Wenn eine Lehre in das Stadium tritt, in dem sie von einem größeren Kreis akzeptiert wird, so muss das Wissen, das sich die Schüler unter Anleitung des Lehrers erarbeitet haben, in einer Institution verankert werden. Das ist notwendig, damit das Wissen auch nach dem Tod des Lehrers weitergegeben werden kann, und es ist trotzdem mit einem Verlust verbunden, der schwer zu definieren ist – versuchsweise könnte man von einem Verlust an Unmittelbarkeit oder Ursprünglichkeit sprechen. Ich glaube, es war gut, dass diese Entwicklung im Kreis von Gora schon begann, als sie noch lebte. Die meisten Religionsstifter – wer fromm ist, möge mir diesen Vergleich verzeihen – haben dieses Problem ihren Schülern oder Nachfolgern überlassen.

Nach Goras Tod gingen wir zu Michel und Leonore in Michels Goralewski Institut, das aus dem Oberhaardter Weg in die Hessenallee (und später in die Giesebrechtstraße) umzog. Eva baute die Mansardenwohnung in unserem Haus um, um später – nach ihrer Pensionierung als Richterin – selbst zu unterrichten. Aber eine Gehirnblutung, etwa ein Jahr vor ihrer Pensionierung, machte diesen Plan und viele andere Pläne zunichte. Eva hätte zu diesem Buch auch einen Beitrag liefern können, der mehr über den Inhalt von Goras Stunden ausgesagt hätte und nicht so viel über die Entwicklung ihres Schülerkreises.

Als Eva aus den Krankenhäusern und der Reha-Klinik entlassen war – rollstuhlgebunden und mit Sprachstörungen, aber glücklicherweise geistig klar und handlungsfähig – nahmen wir die Verbindung zu Goras Nachfolgern wieder auf. Wir gingen zu Michel und Leonore, die sich inzwischen vom Institut getrennt hatte. Beide fanden Wege, Eva im Rahmen des Möglichen in die „offenen Stunden" zu integrieren – und auch meine Verspannungen zu lösen, die nicht nur vom Rollstuhlschieben kommen, sondern auch von vielen ungewohnten Tätigkeiten im Haushalt usw.

Aber zwei Kurse in der Woche waren mit unseren anderen Aktivitäten auf die Dauer nicht zu vereinbaren. So entschieden wir uns für Leonore. Die Stunden finden jetzt in einem Studio statt, das früher von der großen Tänzerin Mary Wigman genutzt wurde, die Eva und ich noch durch meinen Vater kennengelernt haben.

Leonores Verzicht auf (fast) jede Organisation, aber auch die Art, wie sie ihre Stunden gestaltet, erinnern uns am meisten an unsere früheste Zeit bei Gora.

Leonore Quest
Liebe Gora,

als ich dich zum ersten Mal sah auf dem oft zitierten Kohlebänkchen, deine kräftige Stimme hörte, freundlich und sehr bestimmt, den relativ kleinen Raum für so viele Menschen, die lockere Atmosphäre wahrnahm, wo alles so selbstverständlich seinen Platz zu haben schien – nun – ich war wieder einmal in einen neuen Abschnitt meines Lebens eingetreten oder besser: geraten!

Erstaunlich war zunächst, wie informell sich alles abspielte. Geld wurde irgendwo hingelegt – oft gab es irgendetwas zum Mitnehmen oder Kaufen – Eier oder Äpfel, ein Umschlagplatz für vieles – Inneres und Äußeres. Schnell einmal etwas besorgen, jemanden betreuen – und das neben den unzähligen Stunden, sei es in der Gruppe oder einzeln. So ergaben sich menschliche Begegnungen von großer Vielfalt.

Das, was du mir vermittelt hast – Spüren all der Organe, Gelenke, Gewebe und Bewegungen, die mich mehr von mir erfahren ließen, ging ganz langsam in mich hinein – und verlor sich oft so schnell wieder. Es brauchte lange, bis ein Boden des Vertrauens anfing, mich zu tragen.

Einige Jahre habe ich mit dir verbracht – später sehr nah, weil du in deinem hohen Alter Hilfe brauchtest. Und ich durfte in den letzten Stunden und Minuten bei dir sein.

Dazwischen, zwischen dem ersten und letzten Moment der Begegnung mit dir, lagen bewegte Jahre – und diese Bewegung hält immer noch an.

„... daß ich oft nicht mehr wußte, wer glücklicher
dichtet: er, der Körper, ich, wir beide?
Fußsohlen, selige, wie oft, selig vom Gehen
Über alles, über Erde, selig vom ersten Wissen,
Vorwissen, Mitwissen, übers Wissen hinaus! ..."

(Rainer Maria Rilke)

Dies ist ein Potential, hier dichterisch eingefasst, welches in uns verborgen ruht, um wach und wacher zu werden.

Leonore

21

Dorothea Florian

„Da müssen Sie hin!"

Aufzeichnungen aus meinem Tagebuch
Erste Begegnung mit Gora im August 1955

Frau von Hammerstein gefragt, als sie ihren Ring abholte, ob sie weiß, bei wem ich etwas Gymnastik als Geburtsvorbereitung machen könnte. Na, sie wusste sofort eine Frau: Gora.
„Da müssen Sie hin, und zwar sofort, und zu niemand anders!"
(Ich bin gerade Anfang des 5. Monats.)

Fahrradfahren kann wohl nicht schaden, also auf zur Nachodstraße, da wohnt diese Gora. Ich telefoniere so ungern mit Menschen, die ich nicht kenne. Darum gleich an Ort und Stelle das Haus von außen erst mal ansehen. Ich kam wohl nicht passend, eine „Stunde" lief gerade.
Durfte wenigstens zusehen, und still sein.

Nun schon zwei Wochen „turnen"– so sagt sie selbst – bei Gora, die eigentlich Frieda Goralewski heißt. Da liege ich auf einem Teppich (rot) zwischen ganz jungen Frauen, alle mit mehr oder weniger dicken Bäuchen.

Klein, sehr adrett, immer in Bewegung, mit weißen Söckchen, grauem Faltenrock, weißer Bluse; alles sehend, aufmerksam, sicher, liebevoll, so zeigt sich Gora uns.
Ich fragte nach der Stunde beim Umziehen die anderen, die schon länger dabei sind: „Wie alt ist Gora eigentlich?" Sehr verdutzte Gesichter. Niemand wusste es. „Gora ist alterslos."

Kostenfrage jetzt mal angesprochen. Da waren wir zu dritt, zahlungswillig. Gora sagte, eindringlich, als ob sie sich's wirklich grade überlegt: „Ja, geht das denn heute auch? Sie können das auch nächstes Mal machen. Der Kurs kostet im Monat 50 Mark. Dafür aber bitte so oft kommen wie möglich."

Heute – sie geht immer zwischen uns umher – legte sie eine flache Hand auf meinen Bauch. Ich natürlich atmete gleich sehr viel tiefer. Sie sagte: „Aha, Sie haben Yoga gemacht." Das war eine einfache Feststellung, klang aber so, als solle es jetzt mal besser vergessen sein.

Die Erklärung gab Gora etwas später, es hatte dann keinen Zusammenhang mehr mit dem zu mir Geäußerten. „Wir machen hier keine Übungen, auch nicht mit dem Atem. Es atmet. Wir beobachten es nur. Unser Körper, wenn wir ihn nur ließen, weiß besser als der Kopf, was wir brauchen."

Mir geht es sehr gut. In den Gelenken fast keine Schmerzen. Keine Übelkeit, keine geschwollenen Beine, was manche haben. Mein Bauch wächst, na – eigentlich das, was da drin schon lebt. Von Gora gelobt zu werden, bedeutet eine besondere Auszeichnung, es ist fast, als bekäme man einen Orden. Dabei unberechenbar, man kann nichts tun, um ein solches Lob zu erringen.

Neben mir liegt Rosmarie, eine schöne, große junge Frau mit dunklem Haar. Ihr Bauch ist schon etwas ansehnlicher als meiner. Sie bekam schon manchmal ein Lob. „Gut, Rosmarie, das war eben aber wirklich gut." Mehr sagt Gora nicht.

Heute, nach fast fünf Wochen, hörte ich plötzlich mit Erstaunen meinen Namen: „Gut – gut, Florian, das haben Sie eben selbst gemerkt, wie gut das war, nicht wahr?" N i c h t s hatte ich gemerkt. Und so wagte ich die Frage: „Aber was habe ich denn so gut gemacht?" „Gar nichts haben Sie gemacht – das war ja gerade das Gute, dass Sie nichts gemacht haben."

Heute nach der Stunde fragte Gora, ob ich schon einen Arzt hätte. Nein. Es ist schon Oktober, im Januar soll das Kind da sein. Zeit, sich eine Klinik zu suchen.

„Gehen Sie doch ins Martin-Luther, zu Gesenius, da sind Sie in guten Händen", sagte Gora. Warum nicht? Übrigens sagt sie mir jedes Mal, dass ich alles wunderbar schaffen würde mit der Geburt. Sie spürt vielleicht die leisen Ängste, die ich manchmal habe. Alle die anderen Frauen sind viel jünger als ich. Und gesünder. Mit 31 das erste Kind zu kriegen – wird schon gut gehen. Gora glaubt es. Ganz fest.

Manchmal möchte ich mich gar nicht bewegen, nur so liegen und atmen. Da wir oft am Anfang so eine Weile nichts anderes tun, scheint es nötig, um erst mal ruhig zu werden. Oder, wie Gora sagt: Da anzukommen, wo wir sind. Aber sich damit zur Ruhe setzen – das wird nicht geduldet. Gleich sollten wir Füße kneten, dann über die Seile laufen. Als ich über Schmerzen in Nacken und Schultern klagte, sagte Gora: „Dann bleiben Sie mal nach der Stunde einfach da, dann machen wir noch eine Knete." Zu erfahren, was eine „Knete" war, das ist kaum zu beschreiben. Zuerst Goras Hand, die warm ist, zu spüren – zielsicher auf genau die Stelle gelegt, wo der Schmerz sitzt. Dann ein leichter Druck, verbunden mit Streichen. Kreisende Bewegungen, welche sanft den Schmerz herausziehen. Beruhigend und belebend gleichzeitig. Wie macht sie das nur?

Manchmal ist Gora überhaupt nicht zufrieden mit uns. In der heutigen Stunde blieben wir nur am Boden. Wir sollten ruhig werden. Alle waren irgendwie zappelig. Ich eigentlich nicht. Aber sobald ich versuchte, darauf ein bisschen stolz zu sein, hoffte, Gora, die ja alles sieht und spürt, könnte sich zu einem Lob aufraffen – na, da ging es natürlich schief. Mit einem lustigen Aufblitzen in ihren Augen beugte sie sich über mich, berührte leicht meine Stirn und sagte halblaut: „Nur nichts drauf einbilden." Wieso durchschaut sie einen so sicher?

Das war so ein trüber Tag heute. Als ich zu Gora ging, nahm ich vom Blumenstand an der Ecke einen riesigen Strauß Sonnenblumen mit. Oh weh, das war wohl keine so gute Idee.
Gora, in ihrer winzigen Küche, hantierte mit mehreren umfangreichen Blumensträußen, wusste nicht recht, wohin damit. Meinen stellte sie erst mal in einen Eimer. Da waren wohl noch andere auf dieselbe Idee gekommen. Ich sagte entschuldigend: „Ach, Blumen können ja manchmal auch lästig sein." „Unsinn", entgegnete Gora richtig erbost, „Blumen sind niemals lästig!" So war sie eben auch. Direkt und ehrlich. Ich werd's mir merken.

Marianne Schwandt im Gespräch mit dem Bildhauer Heinz Willig
Aufmerksamkeit für den Körper

Marianne: Du warst seit 1971 jede Woche bei Gora, und doch hast du wenig Neigung, etwas aus dieser Zeit mitzuteilen. Woran liegt das?

Heinz: Goras Medium, durch das sie in ihrem in den letzten Jahren so hinfälligen Körper wirkte, war das Wort, das sie mit faszinierender Einfachheit und Eindringlichkeit benutzte, manchmal auch mit surrealen Wendungen. Trotzdem ist es nicht leicht, über sie zu sprechen, ohne in banale oder simple Formulierungen zu verfallen; denn was Gora vermittelte, waren Erfahrungen, keine Gedanken, Erfahrungen, deren Spur wir auch in der Literatur finden.

So erzählte der Wüstenmönch Abbas Poemen im 4. Jh. n. Chr.[1]: „Abbas Paphnutios pflegte zu sagen: In alten Zeiten, als die Altväter noch lebten, ging ich zweimal im Monat zu ihnen – die Entfernung betrug zwölf Meilen – und legte ihnen mein ganzes Denken dar, und sie sagten nichts anderes als dies: An welchen Ort du auch hinkommst, vergleiche dich nicht mit anderen, und du wirst Ruhe finden."

Und das war meine erste Erfahrung bei Gora, dass ich aufhörte, die Bewegungen richtig machen zu wollen oder sie gar besser machen zu wollen als die anderen. Das ist gar nicht so bequem, wie es scheint: seinen Halt in sich selbst zu finden und nicht im Vergleich mit anderen zu suchen. In dem Gedicht von Annette von Droste-Hülshoff, „An Levin Schücking", heißt es:
„Das Leben ist so kurz, das Glück so selten,
So großes Kleinod, einmal sein statt gelten."

Marianne: Dazu fällt mir ein, dass sich bei Gora – unter anderem – immer dies ereignete: So viele Menschen auch in Goras Stunden kamen, so verließ bald jeden die Aufmerksamkeit für die anderen – am Ende einer Stunde verwunderten wir uns, die anderen wiederzusehen, und alle schieden voneinander auf einer neuen Ebene der Verbundenheit.

Solange ich dich kenne, bestimmt dich die künstlerische Arbeit: figürliche Skulpturen, veranlasst durch die Begegnung mit Modellen. In welcher Beziehung steht diese Arbeit zu den Erfahrungen bei Gora? Darf man vermuten, dass die Gora-Arbeit dich deswegen besonders interessierte?

Heinz: Diese Vermutung trifft nur zum Teil zu. Die künstlerische Arbeit an der Skulptur ist keine direkte Umsetzung des bei Gora Getanen. Die Formenwelt der Skulptur ist eine Welt eigener Prägung. Aber die Aufmerksamkeit für den Körper, die Gora initiiert hat, ist sehr wohl ein wesentliches Moment im Prozess meiner Arbeit.

Marianne: Das also ist der Grund, warum du diese Bemerkung in das Buch über deine Skulpturen[2] aufgenommen hast: „Der Körper des Modells ruht, er liegt und ruht: Das Becken ruht, Kopf, Beine, Füße, alles gibt sein Gewicht ab an die Erde und ruht, von ihr getragen. Das ist zu sehen, dem ist nachzuspüren. Eine Skulptur entsteht. Da ändert sich die Lage des Arms, er legt sich nach hinten, ruht nicht mehr, ein Spannungsbogen geht durch den ganzen Körper, wölbt sich über den Boden, auf dem er liegt: Die Konzeption zu einer ganz anderen Skulptur entsteht." Das ist nun wirklich eine Paraphrase auf Goras Stunden: Wir liegen – die Masse des Körpers sicher vom Boden getragen –, und doch vergehen Minuten, ehe die alltägliche Versuchung zum Festhalten sich aus Muskeln und Sehnen löst. Im Vergessen des Formierten, im Loslassen erleben wir unsere „Form", aus der eine neue, ganz persönliche und von Absicht unverstellte Spannung in einer Bewegung frei werden kann. In deinem Buch lese ich weiter: „Die Gewohnheiten des Auges, die Gewohnheiten der Hand, sie müssen immer wieder losgelassen werden, damit eine wirklich neue Skulptur entstehen kann. Keine Veränderung von außen, keine Manipulation. Verzicht auf die Wirkungsmöglichkeit, die sich aus der Isolierung und Steigerung eines Aspektes der Naturformen ergibt (...)".

Heinz: Bei der Arbeit am Becken einer liegenden Figur ergab sich die Schwierigkeit, dass keine Richtung auszumachen war, von der her ich es modellieren konnte. Im Gespräch mit dem Modell bemerkte es, dass die Energien, die in dieser Haltung wirkten, allein in den Punkten außerhalb des Beckens fühlbar wurden, das Becken selbst aber von keiner Richtung her unter Spannung stand. Das also war es, was meine Augen mir mitteilten.

Oder: Beim Modellieren des Oberarms eines Modells: Es fließt nicht. Ich weiß nicht warum, bis ich entdecke, dass sich ein ganz leichter, offenbar auch vom Modell unbemerkter Krampf in das Muskelspiel eingeschlichen hat.

Marianne: Gora „sah" auch immer, was bei uns nicht „stimmte", auch, was gut war, gut in einer Art von individueller Ordnung. Darin ist eingeschlossen, wie unsere Form wäre, wenn wir es denn zuließen: „(...) der Körper weiß – wenn wir ihn nur nicht stören (...)." Im Tonbandprotokoll vom 25. Juni 1985 heißt es: „Da, wo ich die Lebendigkeit unterbreche, wo ich mich dazwischenstecke, da – der Schwanz des Teufels. Der erste Zipfel."

Aber ich weiß immer noch nicht, wie Gora es sehen konnte. Du schreibst: „Wie kommt es dazu, dass ich die Einheit der Form, die Gestalt des Modells sehe? Es bleibt geheimnisvoll: Ich sehe die Einheit der Form, die Gestalt des Modells." Wahrscheinlich sehen wir, weil und soweit wir selbst uns fühlen. Das Pendeln, das Schwanken, das Suchen, vielleicht dessen, was wir das „Lebendige" nennen. Oder das „Stehen" bei Gora: Die kleine Fläche unserer Füße, unter uns die Erde, wir nehmen die winzigen Bewegungen wahr, die uns Stehen erst möglich machen; angezogen von der Erde, können wir uns aufrichten, den Raum ausfüllen, und im Schwanken finden wir das Gleichgewicht.

Gora selbst sagte es so: „Alles an seinem Platz, in dem ihm zukommenden Raum: Wo ist der Kopf, wo sind die Lippen? Sind die Lippen wirklich locker, die Schultern wirklich locker? Ich brauche nur die Beine hängen zu lassen, so hängen meine Arme, die ganze Wirbelsäule hängt, richtet sich im Hängen auf ... Die Einfachheit des Lebens – dass wir die begreifen."

Heinz: Aber neben dem, was man durch die Arbeit bei Gora erfahren konnte, war es ihre Person selbst, die uns durch ihre distanzierte Nähe aufbaute. Jedem war sie auf ganz persönliche Weise nahe. Mir vermittelte sie einmal dieses Gefühl, als sie sagte: „Sie haben die gleichen Schwierigkeiten wie ich: Sie wollen zu viel." Oder als sie mir den Text eines ihrer Schüler anvertraute. Er erzählte von einer Reise auf dem Nil, auf der er, von einem Boot ins Wasser gefallen, durch Krokodile in Lebensgefahr geraten war: „Um diesen Jungen habe ich immer Angst, aber um Sie habe ich keine Angst."

Oder als ich ihr von der Erkrankung meiner Frau berichtete und meine Ahnung der lebensbedrohenden Wendung andeutete und Gora keinen Trost versuchte, sondern schweigend mich wissen ließ, dass sie verstand.

Und wie viele andere habe auch ich das Zutrauen in die sich regenerierende Kraft meines Körpers erfahren, als sie mich „durchknetete".

Das Gespräch fand im Januar 1998 statt.

---

[1]   Ruhbach/Sudbrack: Christliche Mystik, Ch. Beck Verlag, München 1989, S. 55.

[2]   Heinz Willig: Skulpturen und Zeichnungen, Verlag Willmuth Arenhövel, Berlin 1997.

Bignia Corradini

Zwischen dem Sichtbaren und dem Unsichtbaren

Ich bin Malerin[1] und viele Jahre in Frieda Goralewskis Kurse gegangen. Was war der Grund? Ich bin immer gerne auf Berge gestiegen. Durch Gora habe ich etwas anderes entdeckt: Für mich öffnete sich ein geheimnisvoller Raum. Ein Raum ohne Worte, obwohl sie sprach. Und mit welcher Stimme!

Es eröffnete sich ein Lernen, gegründet auf Erleben und Erfahren: Wahrnehmen, Hinhören, Atmen.

Auf mich selbst zurückgeworfen, versuchte ich entlang dieser Stimme zu gehen. Erkennen wir wieder, was wir schon wissen? Gibt es etwas, das verborgen in uns ruht und wachgerufen werden kann? Ich höre ihre Stimme noch heute: Wovon spricht sie? Wie sie im Kurs dasaß und sprach, sehr wach, ihre Zugewandtheit, ein Lächeln, das offen und streng zugleich war. Damals im Kurs erschien sie mir meist gelassen, doch manchmal ungehalten über Ungenauigkeiten; es zeigte sich ihre Vorliebe für aufmerksames Hinschauen, Hineinhorchen: Die Energie soll fließen.

Wie werden Energien abgeleitet, so dass sie fließen und nicht stocken? Ich stellte fest, dass die Inhalte, Arbeitsmethoden und Problemfelder, mit denen ich in meiner Arbeit am Bild immer wieder zu tun hatte, nicht nur in der Malerei existierten. Bei der „Körperarbeit" und der „Bildarbeit" konnte ich Ähnlichkeiten entdecken, auch Parallelen und Gemeinsamkeiten sehen. Wie eine Spiegelung konnte ich das eine im anderen wahrnehmen.

Ein Ganzes, Bild wie auch Körper, besteht aus einer Vielzahl unterschiedlicher Teile, die in verschiedenartigsten Wechselwirkungen zueinander stehen. Jede Veränderung, sei es durch Hinzufügen oder Weglassen, im Bild oder mit dem Körper, verschiebt den Gesamtzusammenhang. Zum Beispiel entspricht für mich der Wunsch, die Wirbelsäule beweglich zu halten, dem, Beweglichkeit im Prozess des Arbeitens am Bild zu erhalten. Ein Gemälde selbst kann die Möglichkeit geben, mit den Augen darin auf verschiedenartigste Weise zu wandern. Von innen her beweglich: die Wirbelsäule, das Gemälde, der Blick und das Auge des Betrachters.

Auch die Erfahrung von Undurchlässigkeit, Widerstand und Unmöglichkeit zeigt sich beim Arbeiten am Bild und mit dem Körper. An den Orten, wo es nicht weitergehen wollte, den Räumen dahinter, die, noch verschlossen, eine Ahnung übrig ließen, wie es hätte sein können, wenn ...

Wie zeigen sich Verbindungen, die durch alle Elemente hindurchgehen? Mein Blick beim Malen richtet sich immer wieder auf die Energie, die Durchlässigkeit, Vielschichtigkeit und Dichte im Raum. Verbindungen zeigen sich durch die Bewegungsabläufe und die Wechselbeziehungen, den Rhythmus unzähliger Kontraste, durch Brüche und ihre Überleitungen. Bruch – Störung – Sprung: Übergang. Verbindungen sind für mich wie eine Brücke bauen. Das Bauen von hier nach dort, durch und über andere Konstellationen hinweg, kreuz und quer, auch schief und schräg und unverständlich.

Schauen, was da ist und entsteht. Gehen zwischen „gar nichts" und „etwas". Mit den Augen ein Bild abtasten. Im Arbeiten etwas öffnen. Energie freisetzen, so dass ein bestimmtes Gleichgewicht erstellt wird und sich eine Balance halten kann.

Der Bildraum wie ein Körper. Körper wird zum Bild. Raum wird zum Bild. Ein Verstehen um die Vorgänge im und mit dem Körper sichert mir Wahrnehmungserfahrungen im Bild.

Juni 2002

[1]   Bignia Corradini: Arbeiten 1996–2000, G & H Verlag, Berlin 2000.

Frank Frey
Lernen mit Gora

I. Über mich

Meine erste Gora-Gruppenstunde hatte ich 1974 in der Nassauischen Straße. Angelockt von Michel Benjamin, der in diesem Jahr ebenfalls die unweit davon stattfindende Atemausbildung von Ilse Middendorf[1] besuchte.

Die Gegensätze hätten nicht größer sein können. Bei Middendorf das Erleben des Atems (die Sammlung auf den Atem) und bei Gora das Erleben der Bewegung, mit der Möglichkeit des Loslassens und geringstmöglichen Störens des Lebensflusses! Goras Einfluss hat mich weggeführt von jeglicher Steuerung des Atemflusses; – denn bewusst atmen führt auch zu einer Beeinflussung des Atems, die vielleicht erst wieder im überbewussten Zustand, im Geschehenlassen ohne bewusst zu sein, wie im Zazen, aufhört. Ich selbst kam – komme vom klassischen Ballett, das z. T. über und durch Unterbindungen, Bewegungsisolationen und Einengungen funktioniert, um den Körper im Sinne des klassischen Tanzkodexes formen zu können. Von daher kann man erahnen, was es heißen kann, nichts mehr am Lebensfluss zu unterbinden; aber das wurde mir erst nach und nach, durch die veränderte Beziehung zum eigenen Leib und zum ganzen Leben, klar. Jahre in Amerika und Süddeutschland verhinderten eine regelmäßige Teilnahme an Gora-Stunden. Im Sommer 1984 übernahm ich Goras Pflege während ihrer damaligen schwierigen Krankheitsphase. Es war ihr Wunsch und ich blieb bis zum Frühjahr 1986.

Dadurch kam ich fast täglich in den Genuss einer ihrer Behandlungen, denn Gora ließ auch während ihrer Krankheiten nie nach in dem Bemühen, für andere da zu sein. Sie selbst lernte mit immer weniger Kraft immer mehr zu erreichen.

Ihr Behandeln, „Kneten", war ein Warten und Möglichkeiten-Geben, sodass der andere Mensch es – das ES – begriff, bis hin zu dem Punkt, an dem man den Segen der zugelassenen Schwerkraft erfahren konnte.

Die Wahrnehmung des Körpers (Leib) und der Körper (Leib), der wahrnimmt, wird durch die Art und Weise ihrer Berührung geöffnet. Der Kopf war auf einmal nicht mehr das Wichtigste. Es war eben diese Art der liebevollen Berührung, die das Sonnengeflecht und damit die Empfindungsfähigkeit öffnete – bis hin zur Glückseligkeit. Ich sehe mich noch heute in den Gruppenstunden glückselig am Boden liegen und denke an all die Jahre voller Versuche, diese Glückseligkeit wiederzufinden. Deshalb ist es so wichtig, zu begreifen wie die Gora-Arbeit zu ihren Wirkungen kommt.

II. Biografisches – Gora

Ohne ihre Nüchternheit lässt sich dieser liebevolle Zugriff nicht verstehen. Leib sein ganz und gar, das macht ernst, aber dieser Ernst war gepaart mit ihrem Schmunzeln, mit Lust. Leib sein, das bedeutete bei Gora auch zwischendurch immer in der Übung sein, egal ob wartend oder in der Stunde.

Sie saß im Rollstuhl, spürte die Bäume um sich herum und nahm deren Wachstum ganz in sich auf. Das Streben der Bäume bis in die kleinsten Äste und Blätter: für sie war das, umgesetzt auf das menschliche Leben, unser immerwährendes Sehnen. Eine Bewegung ohne Sehnen, ohne diese inneren Strebekräfte, war für sie weder tot noch lebendig, eben dieser Zwischenbereich, in dem sich der Mensch nur allzu lange aufhalten kann.

Goras enge Verbundenheit mit ihrem Vater mag ein Hinweis darauf sein, dass sie diesen ähnlich tief in sich aufgenommen hatte. Als die Lebensumstände ihm einen Ortswechsel von Hildesheim nach Danzig nahelegten, war sie als zwölfjähriges Mädchen von diesem „Sich-Entscheiden-Können, -Sollen, -Müssen" sehr beeindruckt. Die Entscheidung letztendlich als natürlicher Vorgang, so wie sich Äste verzweigen und Zellen teilen?

Auch die konventionellen Entscheidungen, die für Frauen vorgesehen waren (Lebensglück = Mutterschaft und Heirat) wandelte sie in ihr gemäße, persönliche Entscheidungen um. Sogar den Schuldienst, den sie, für ihre Familie mitsorgend, antreten musste, verließ sie als 28-Jährige. Es war die Begegnung mit Elsa Gindler, die den Entschluss auslöste, den damals noch einseitig preußisch-militärisch ausgerichteten Schuldienst (Bauch rein, Brust raus) zu verlassen.

Wir dürfen nicht vergessen, die ersten fünfzig Jahre von Goras Leben begannen mit der Wilhelminischen Ära und endeten mit dem National-sozialismus. Es waren Zeiten von gesellschaftlichen Hochgefühlen und Depressionen und die Menschen mussten funktionieren! Vom Individuum her betrachtet, wissen wir heute, dass es vom individuellen Grübeln, dem Misstrauen, der geistigen Erstarrung und Trägheit – nur ein kleiner Schritt ist, hin zum blinden Aktivismus und dem negativen Überwindenwollen dieser Misslichkeiten durch Ideologien und Ismen aller Art.

Das Denken war von der Empfindung getrennt, höchstens noch am In-stinkt orientiert. Wir wissen aber, die Empfindung braucht den Körper (Leib) zur Wahrnehmung und Geist ist wiederum nicht denkbar ohne Empfindung für die Welt. Offen sein für beides, das ist Goras Lehre. Nur Körper sein wäre narzisstisch, nur Geist ohne Körper jenseitig oder ab-gespalten.

Wir könnten Heideggers epochales Wort von der Seinsvergessenheit in Leibvergessenheit umschreiben, und ich glaube, es war der Verlust des Leibes, der uns zu Gora führte. Und es ist bis heute möglich, wenn wir diese Arbeit praktizieren, uns über die Empfindung für unseren Leib neu als Menschen zu definieren. Das, was heute zu viel an Körper ist, ist wie-derum eine Vergewaltigung. Hier bei Gora durften wir Leib sein in einer unvergewaltigten Weise. Da war kein Misstrauen dem Leib gegenüber! Und das danken ihr alle, bewusst oder unbewusst.

III. Unterricht

Gora war das unmittelbare Wiedergeben ihrer Erkenntnisse immer wichti-ger, als über ihre Arbeit etwa ein Buch zu verfassen. Die Zeit für ein Buch würde ihr am Ende von ihrer Unterrichtszeit und das ganz dafür Dasein abgehen, wie sie selbst meinte.

Einer Benennung der Arbeit, mit der man sich dann identifizieren konnte, stand sie skeptisch gegenüber. Lieber sprach sie von einfachem Turnen, was nicht so leicht einzuordnen ist.

Ihr war klar, wenn etwas Methode wird, dann hat man vielleicht schon den alles entscheidenden Ansatzpunkt verloren, das präverbale Momentum, das diese Arbeit ausmacht.

Es galt die Vorstellung von der Priorität des Intellekts abzulösen durch die Erfahrungen als Ganzheit.

Sie blieb den Pionieren der Leibarbeit treu. Diese hatten damit angefangen, die nicht enden wollende Gehirntätigkeit des Großhirns zum Körper hinzulenken, sozusagen statt Grübeln in die Füße spüren. Statt Misstrauen über den Körper Vertrauen entwickeln. (Alles Misstrauen, Sich-Sorgen und Sich-Ängstigen vor nichts gehört zur Tätigkeit der vorderen Gehirnhälfte) Statt Trägheit ließen die Pioniere der Leibarbeit die eigene Schwere spüren, die Schwerkraft und somit etwas erfahren, was wie ein Segen wirkt und einen Menschen durch das ganze Leben begleitet! Füße, Beine, Becken, Rumpf, Arme und Kopf galt es sich vorzustellen, um diese wieder zu gewinnen.

Die philosophische Hauptfrage: „Was ist der Mensch?", wurde nicht verbal, sondern durch das Spürenlassen der leiblichen Wirklichkeiten beantwortet. Nicht die Gängelung der Natur war gefragt, auch nicht der Widerstand gegen sie, sondern im Geschehenlassen fand man sich als Mensch in der Schöpfung wieder.

Gora wusste sehr genau, was Konventionen sind und was Konventionen bewirken – und wo das eigentliche Leben anfängt. Für viele war das ein mühsamer Weg, aber trotz der Befangenheit der Menschen, die zu ihr kamen, gelang es ihr immer wieder, mit subtilsten Anregungen ihnen Wege zu sich selbst zu öffnen.

„Dass ein Lebendiges wir suchen, so weit es auch ist", sagt Friedrich Hölderlin, und erweitert mit einem „So nah es auch ist" drückt das genau die Botschaft von Gora aus.

Gora war im Unterricht beharrlich und streng, aber niemals im Sinne eines Heilbringers, eines Gurus: Sie war davon geprägt, dass der Mensch immer wieder fehlgehen könne, wenn er sich nicht beständig offen hält für ein lebendiges Gleichgewicht. Bis zuletzt, denn auch noch im Sterben bedarf es dieser Suche. Das Aufsteigen will gelernt sein ..., „nämlich aus der Tiefe der Erde!"

Gora, das war der Versuch, das zu sein, was sie lehrte, bis in die feinsten Formen und die Organisation des alltäglichen Lebens hinein.

„Es", das Loslassen in seinem ganzen Geheimnis auslotend, denn dieses, das Loslassen, kann immer wieder aufgenommen werden, und wir brauchen es sowohl für das Scheiden (Trennen) wie für das Zusammenkommen.

Februar 2000

---

[1]   Ilse-Middendorf-Institut für den Erfahrbaren Atem, Berlin

Marianne Schwandt
Der rote Teppich

Viele sind in ihre Stunden gekommen. Viele haben von ihr und ihrer Arbeit gehört, andere werden ihr nie begegnet sein. Und doch kennen wir sie alle, denn sie glich dem Menschen, den wir uns erfinden für Zeiten, in denen das Leben schwerer würde und die Kräfte schwächer.

In diesem Jahr[1] hat sie ihre Arbeit und uns verlassen: Sie hat unser Bild vom lebendigen Menschen, dem sie immer ähnlich war, vollendet.

Goras Geschichte? Nur sprödeste Daten sind mir bekannt: Geboren in Hildesheim, erlebte sie ihre Jugend in Danzig, kam zur Lehrerausbildung und Lehrtätigkeit nach Berlin. Hier lernte sie Elsa Gindler kennen, deren therapeutische Körperarbeit sie beeindruckte, deren Schülerin sie wurde, deren Arbeit fortzuführen, zu durchdringen und weiterzuentwickeln ihr wichtig wurde. Wichtig genug für wachsende Intensität und für ein ganzes Leben.

Später, in den ununterscheidbar grauen, malträtierten Straßenzügen Berlins, Pariser, Nachod-, Nassauische Straße, zog immer eine Straße, eine Wohnung, ein Raum Menschen an; täglich, stündlich, vom Morgen bis in den späten Abend. Dort saß Gora auf ihrer kleinen Bank, im großen Zimmer mit dem roten Teppich. Dort gab sie ihre Stunden.

Schon damals kamen viele, sodass wenig Platz war auf dem roten Teppich: Goras Ruf hatte sich über Berlin und Deutschland hinaus verbreitet, obwohl sie niemals an die Öffentlichkeit trat. Sie war Autorität, weil sie der Autor ihrer Sache war.

Frieda Goralewski war Pädagogin und Therapeutin von Rang. Sie lehrte kein Fach, noch weniger eine Methode. Sie zeigte Wege: Sie lehrte das Gleichgewicht suchen, das mentale, das physische, das psychische.

Sie erinnerte die Vergesslichen an die natürlichen Ordnungen der Bewegung. Sie bahnte Wege in vernachlässigte Regionen, Wege, die in anderen

Kulturen breit und wohlbegangen, bei uns aber überwachsen sind von den Wichtigkeiten aufdringlicher Tagesläufe: Unsere Aufmerksamkeit für den eigenen Körper zu wecken, der ihr als Ausgangspunkt aller Lebensäußerungen bis hin zu Kunst, Wissenschaft und Philosophie kostbar genug erschien, um ihm – wenn wir ihn schon nicht unbefangen leben lassen können – wenigstens das Maß an Bewusstsein zukommen zu lassen, das wir an ihn kaum, an andere Dinge allzu beflissen heften – das war ihr Anliegen.

Sie hatte lange und genau beobachtet, wie sehr der Körper als bloßes Werkzeug verstanden wird – als selbstverständlich Verfügbares, Benutzbares, keiner Reflexion bedürftig –, der bestenfalls Pflege im Sinne der äußeren, gesellschaftlichen Erscheinung erfährt oder abgenutzt und krank endlich die Hilfe der Medizin.

Sie beobachtete schon bei Schulkindern, häufiger bei Erwachsenen, wie oft der Versuch zur Konzentration in Verkrampfungen endete, ja beides miteinander verwechselt wurde; wie oft gewohnheitsmäßige Fehlhaltungen des Körpers die Psyche, den Intellekt beeinträchtigten. Sie sah, wie einfachste und leichteste Hantierungen, weil sie hastig, ängstlich oder demonstrativ ausgeführt wurden, die Menschen erschöpften, da sie gewöhnt waren, alle diese Bewegungen mit unnötiger Anspannung zu begleiten. Sie sah auch, dass in dem „Ausruhen" der Menschen keine Ruhe war.

Die Medizin, die wir zu einem der großartigsten Reparaturbetriebe immer spezifischer, aber auch schmaler aufgebaut haben, kann nur das bereits manifeste Übel bekämpfen, und zwar von außen. Der so „geheilte" Mensch bleibt jedoch derselbe, seine Gewohnheiten fortsetzend, sich selbst, seinem Körper ein Fremder.

Gora übernahm, ein Leben lang, die schwierige und langwierige Aufgabe, in den kleinen Schritten und Hilfen ihrer Bewegungs- und Atemtherapie mit Erwachsenen zu arbeiten, sie nach Verlorenem suchen zu machen.

Wie aber könnte dieses Suchen je ernst genommen werden, wenn wir unsere Möglichkeiten zur Bewusstheit vor unserem Körper haltmachen lassen? Wenn wir ihm die Bildung (ich spreche nicht von Ausbildung!)

versagen, die Wissen, Intellekt, vielleicht gar Geist, in Europa selbstverständlich zugestanden wird.

Goras Ziel korrespondierte mit ihrer großartigen Begabung zur Übersetzung: Bewusstheit für den eigenen Körper zu entwickeln, so ahnte sie, konnte nur von diesem selbst ausgehen, konnte nur als gespürte, gefühlte Unterscheidung von Befindlichkeiten dauerhaft gefestigt werden.

Sie war eine anspruchsvolle Lehrerin. Wir waren ja schließlich zum Arbeiten da. Sie konnte sogar ungehalten sein, wenn sie bloße Konsumhaltung oder gar Anpassung witterte. „Wir machen hier keine Übungen, Übungen nutzen gar nichts!", verblüffte sie gelegentlich ihre Schüler. Wenn sie krampfhafte Bemühungen um „schöne Gesten" oder „stilisierte Bewegungen" sah, murmelte sie wohl: „Ihr haltet ja schon wieder alles fest! Welcher Mensch muss denn die Schultern und den Kopf festhalten, bloß um zu gehen! Die kommen doch von alleine mit! Außer der Kraft fürs Gehen verbrauchen wir überflüssigerweise auch noch Kraft fürs Festhalten – kein Wunder, wenn man da müde wird!"

Und gelegentlich: „Wenn wir den Körper nicht dauernd stören und an ihm herumdirigieren, kann er fast alles von selbst, weil er keineswegs dümmer ist als wir. Um Schönheit müssen wir uns nicht bemühen, der Körper wird von alleine schön, wenn er endlich frei atmen kann. Ja! Nicht aufhören zu atmen, nur weil ihr euch anstrengt! Man macht wirklich furchtbare Dummheiten!"

So lernten wir uns bewegen: gehen, stehen, liegen, als hätten wir es nie vorher gekonnt. Sie forderte unsere gesammelte Aufmerksamkeit für die Zusammenhänge von Atem, Stimme, Muskelspannungen, für die räumliche Lage der Organe, des Skeletts: eine Lehre in Anatomie und Physiologie über die langsam genauer werdende Empfindung.

Gora ließ uns Säuglinge und Kleinkinder beim „Turnen" beobachten. Es waren gewissermaßen alles „ihre" Kinder, denn sie betreute sie schon im Werden samt ihren Müttern. Am Anfang des Bewusstseins, kommen ihre Bewegungen aus dem Zentrum der ganzen Person, aus der Mitte des kleinen Körpers.

Der Körper aber, physikalisch (aber auch in jedem anderen Sinne) zwischen Himmel und Erde, oben und unten eingeordnet, ist unbewusster Nutzer dieser Konstellation von Kräften, wenn er es nur zulässt, dass sie ihn tragen (Erde) und aufrichten (Atem).

Kleine Kinder vergeuden ihre Kräfte nie. Sie reichen immer aus, für alles Wichtige. Ihr Spiel im Rhythmus von Spannung und Ausruhen verteilt sich mühelos über den ganzen Tag.

Jeder Erwachsene wäre nach kürzester Zeit völlig erschöpft, wenn er versuchte, sich genauso wie ein Kleinkind zu bewegen. Und wie oft, wenn er sich auszuruhen meint, bleibt er bis in den Schlaf hinein verkrampft, um müde und zerschlagen den nächsten Tag zu beginnen.

Ist es zu viel gesagt, wenn ich berichte, dass wir oft zerschlissen vom Tag in Goras Stunden kamen, um gesammelt und völlig wach nach Hause zu gehen?

Ist es zu viel gesagt, wenn Ärzte, die schon an die Operation bestimmter Wirbel dachten, von deutlichen Besserungen, die sogar im Röntgenbild erkennbar waren, überrascht nach der Adresse des Therapeuten fragten?

„Lassen wir unseren Organen den Platz, den sie zum Leben brauchen – sie können nur gut arbeiten, wenn wir sie nicht dauernd zusammendrücken. Ich weiß, es gibt dafür tausend wichtige Gründe; aber wir dürfen es einfach nicht tun. Wir können es auch gar nicht verantworten."

Warum so viele Menschen lange Jahre in Goras Stunden kamen?
Es gibt nichts Schwierigeres, als einen Weg wiederzufinden; wieder zu lernen, was seit Jahrhunderten nicht Teil des Common Sense, nicht Teil der allgemeinen Kultur war. Ganz verloren ging dieses Wissen zwar nie: Etwas davon haben begabte Tänzer gewusst, einiges davon sensible Ärzte, Psychologen, Therapeuten, Künstler.

Selbstverständlich gibt es viele Methoden, die von außen auf uns wirken wollen – in der Medizin und der medizinischen Rehabilitation.

Bei Gora aber waren wir auf unsere eigene Verantwortung verwiesen. Ausgangspunkt und Ziel unserer Bemühungen waren wir selbst: „Ihr müsst wissen, es nutzt nichts, wenn der Lehrer es weiß!"

Als ich Gora kennenlernte, sie war 78 Jahre alt, erschien sie mir zerbrechlich und nicht ganz gesund. Sie konnte mit ihrem Körper leben, und sie hat ihn in Übereinstimmung mit dem, was sie tun wollte, zu ungewöhnlicher Ruhe, Ausdauer und Leistungsfähigkeit erzogen. Stetig und gleichmäßig, nie erlahmend, vom Morgen bis in den späten Abend; von weitgespanntem Interesse an den Menschen in ihren vielfältigen Erscheinungen und Hervorbringungen getragen, liebte und förderte sie das Lebendige an ihnen, freute sie sich auf die Stunden.

In diesem Sinne hat sie mit Generationen von Schülern gearbeitet. Die Kraft dazu verließ sie nie. Die letzten Stunden gab sie in den letzten Tagen vor ihrem Tod. So blieb sie bis ins hohe Alter der Inbegriff des lebendigen Menschen; mehr noch, in ihrer persönlichen Nähe, oft auch ganz wörtlich unter ihren Händen, die so viel wussten wie sie, fiel das Schroffe, das Besserwisserische, die Ängstlichkeit des Tages in sich zusammen, wurden die Menschen als Ganzes wieder lebendig, nicht nur Muskeln und Sehnen.

Gora hinterließ keine „Gemeinde", sondern Einzelne, von denen Wirkungen ausgehen werden. Sie hat nichts aufgeschrieben, denn die Zeit dafür hätte sie ihren Schülern entziehen müssen. Aber sie hinterließ Schüler, die in Jahrzehnten intensiven Studiums neben ihr fähig wurden, diese Arbeit aus eigener Kraft und Überzeugung fortzuführen.

Gora hat Dank immer abgelehnt.
„Ihr sollt mir nicht danken – ihr sollt arbeiten."

Januar 1989

---

[1] Im Januar 1989.

40

Ursula Müller
G o r a, ach ja, Gora

Im Zug nach Würzburg – zum Meditationskurs – bei heftigem Schneetreiben fällt mir der Erinnerungszettel in die Hände: „G o r a", ach ja, Gora. Zu leisen Fahrtrhythmen taucht ihre Gestalt, ihr gütiger Blick hinter dicken Augengläsern auf, so wie er mir und allen anderen in vielen Stunden begegnete.

„Sie können doch wenigstens atmen", höre ich Gora beim ersten Mal sagen, als die bereiten Hände für mich da sind, für die Lebensmüde, die daheim nicht fortzubewegen war. Ja, atmen! Bewusst zu atmen hatte Ilse Middendorf mich in ihrer Atem-Schule gelehrt, die meinem Leben eine Wendung gegeben hatte. Doch jede Ausbildung ist erst Beginn im langwierigen Wandlungsprozess. Gora sah meine festen Beine, die gehaltenen Schultern, den engen Hals, die belastete Wirbelsäule. „Das Becken hängt! Das Becken hängt!" – so klingt es mir immer noch in den Ohren.

Oft sagte ich es weiter und brauche selbst auch manchmal diesen Anruf. Und nun erinnern sich auch meine Füße, geweckt am Viktoria-Luise-Platz (Ilse Middendorf), allmählich wacher in der Nassauischen Straße (Gora), bei liebevollem Zuspruch in dieser und jener Stunde, bis endlich das Hören in die Füße dringt, hin zur Erde. Selbst gehbehindert, sah Gora in eigener Not unser aller Not, den Mangel an Erdung. Nachdem in den „Sardinenstunden" – wir lagen dicht an dicht auf dem roten Teppich, in naher Nachbarwärme, bei kleinen Stupsern, die nicht störten – die kostbaren Schulterkugeln ins Gleiten gekommen waren, standen wir auf. Aufgerichtet im Lot hörten wir mahnend „Füße – Boden", die Keulen unentbehrlich unter den Sohlen. Das Mahnen wurde bisweilen streng, wurde ein Schimpfen wie von einer kleinen Hexe, die uns von ihrem Bänkchen her dirigierte und doch zugleich ganz dem Probieren überließ: Fuß von der Keule absetzen, den Boden berühren, erst dann Gewicht verlagern. Und immer wieder absetzen, berührt werden, Eigengewicht. Stofflich-seelisch ist der ganze Mensch gemeint: dem Getragen-, Angezogen-Werden sich zu überlassen. Das Probieren im Außen führt zu uns selbst, führt nach innen. Stellt auch

41

mit der Atmung die wunderbare Verbindung zwischen innen und außen her, dieses Eingebunden-Sein, Umgeben-Sein. Unbewusste Ängste können abnehmen, auch in der Partnerübung, die ich anfangs scheute. Es gibt ein Miteinander von Mensch zu Mensch, im Erspüren von mehr oder weniger ähnlichen Füßen, Beinen, Händen und Armen. Spiegelung – und zugleich doch ganz anders.

Einige Jahre lang konnte ich dreimal wöchentlich zu Gora ziehen. Unentwegte kamen öfter. Gora setzte keine Grenze. Egal, ob bezahlt werden konnte oder nicht, Herz und Raum waren offen. Fast unbeachtet lagen in ihrem kleinen Behandlungszimmer auf dem Teller Münzen und Scheine. Gora schien gar nichts für sich selbst zu brauchen. (Das Stück Kuchen, Früchte oder Erforderliches wurden dankbar mitgebracht.) Es blieb wohl kaum Zeit für Mahlzeiten. Sie wurde von allen ja so gebraucht: von der kranken Schwester, von Schwangeren, von Kindern, deren Müttern und all den anderen. Dann und wann lud sie die Erwachsenen zu den Kinderstunden ein, um sie vom unbekümmerten Bewegungsspiel und der Bewegungsfreude der Kinder lernen zu lassen.

Ach Gora, wie viel verdanke ich Ihnen! Mein eingefleischtes Muster lockerte sich zwar nur langsam, langsam – mühsam, oft schmerzlich. Und niemals schwieg die Frage: Wie lebst du? Wie gehst du mit dir um – und also auch mit den anderen? Kannst du vertrauen? Dem Leben, dem Dasein, den wirkenden Kräften und Mächten? Wenn ja, dann lass doch dieses Ja in allen deinen Zellen mehr noch wirken! Wie in diesem Kind, das eben an der Mutter Hand durch den Bahnwagen stapft und jede Sitzlehne im Vorübergehen spielerisch anfasst. Uneingeschränktes Ja – Gora hat es gelebt. Nur so erklärt sich trotz Behinderung ihre Kraft. Davon gab sie ausnahmslos allen. Und im Verschenken floss es reich und reichlich nach.

Leise rüttelt der Zug. Hellere Wolken geben jetzt das Himmelsblau frei. Darin ein Hauch von Jetzt und Ewigkeit.

Berlin 1998

Auszüge aus einem Gespräch mit Eike Steinmetz
Gegen den Strom

Eike: Als ich 1965 das zweite Mal schwanger war, nach einer besonders schweren Geburt, wurde mir Gora empfohlen. Am Anfang ist mir das „Turnen" nicht leichtgefallen, und ich musste mich an die Art und Atmosphäre erst sehr gewöhnen. Ich habe eine Weile gebraucht, ehe ich so richtig „süchtig" wurde, zu Gora zu gehen.

Sibylle: Und was war das Befremden am Anfang?

Eike: Ich glaube, es lag daran, dass immer vorgegeben wurde, was man machen musste, dass ich mich reglementiert fühlte. Gora hat sich nicht bemüht um die Leute. Die, die eine Verbindung zu ihr haben wollten, haben sie auch bekommen, aber Gora hat nicht geworben, sie hat sich nicht verrenkt.

Sie hatte aber auch Lieblingskinder. Und da hatte ich das Glück, eines zu sein. Sie ist jahrelang am Sonntagvormittag eine Stunde zu mir nach Hause gekommen, um mir den Rücken zu massieren.

Da haben wir natürlich auch viele Gespräche geführt. Sie hat mir von ihrem Elternhaus erzählt. Da gab es ein Brüderchen, das viel jünger war als sie. Das ist in der Küche so unglücklich gestürzt und auf den Steinboden geschlagen, dass es tot war. Damit konnte Gora überhaupt nicht fertig werden und hat entsetzlich mit dem Schicksal gehadert. Bis dann ihr Vater sagte: „Nein, das dürfen wir nicht. Wir dürfen nicht weinen und klagen. Wir müssen Gott danken, dass er uns dieses wunderbare Kind sechs Jahre gelassen hat." Daran habe ich viel gedacht, das ist eine Haltung, ungewohnt und sehr berührend.

Solche Geschichten hat sie erzählt, wenn man selber Probleme hatte.

Gora Geschenke zu machen, war ein Problem. Ich habe ihr einmal zu Weihnachten ein schönes Transparentbild ausgeschnitten, das hat viel

Mühe gemacht. Da hat sie mir gesagt: „Das ist doch eine Arbeit gewesen, die die Schultern festmacht. Da hätten Sie lieber in dieser Zeit mal auf dem Teppich liegen sollen!" Das war mir ganz schlimm, es machte mich traurig. Aber das musste man einfach wissen – sie war gütig und liebevoll, aber auch herb.

Einmal habe ich mitbekommen, dass sie ab und zu gerne einen Piccolo trank. Sie schickte mich zu einem kleinen Kaufladen, dort sollte ich einen kaufen. Dadurch wusste ich es. So habe ich ihr ab und zu einen Piccolo mitgebracht – ihr etwas zu schenken, war ja riskant – und ihn einfach in ihr Zimmer gestellt. Irgendwann hat sie mich daraufhin angesprochen: „Das waren Sie! Stimmt's?" Ganz lieb sagte sie das, und sie hat sich gefreut.

Biba: Gefreut hat sie sich auch, wenn Blumen da waren. Sie hat sich dafür immer sehr bedankt.

Eike: Ach – Blumen! Blumen durfte man ihr immer schenken. Blumen durfte ich ihr mitbringen, wenn sie mich geknetet hat in ihrem Zimmerchen. Da hat sie dann auch darüber geredet, wie schön die aussehen auf dem Tisch.

Viele, viele Jahre später lag ich bei ihr im Oberhaardter Weg auf dem Teppich, sie forderte mich auf, ihr meine Füße zu geben. Sie nahm sie und sagte: „Immer noch kalt!" – Also quasi 30 Jahre schon kalt! Und dann hat sie sie ganz liebevoll geknetet und warm gemacht.
Ich erinnere mich auch – da saß sie einmal hinter mir und knetete mich, und ich sagte: „Ach, ich habe Angst, dass ich hart und bitter werde." Sie schwieg und ich dachte: „Aha, sie denkt das auch." Und dann hat sie auf meinen Rücken geklatscht und gesagt: „Mein Fräulein, keine Gefahr, keine Gefahr!"

Aber später – das war so merkwürdig – ihre Augen waren sehr schlecht geworden – sie hat mich nicht mehr erkannt. Das war frustrierend und traurig für mich. Ich bin zuletzt gar nicht mehr hingegangen, weil ich damit nicht gut umgehen konnte.

Sibylle: Wie lange sind deine Kinder zu Gora gegangen?

Eike: Oh, das ist jetzt aber schwer zu sagen. Das ging los, als der Jüngste anderthalb war. Er ging zu Gora, bis er sieben oder acht Jahre alt war.

Sibylle: Aber anderthalb, das ist ja winzig! Waren die anderen auch so klein?

Eike: Nein, so klein nicht, er war lange der Kleinste. Aber später hat sie oft so Kleine gehabt, die waren wirklich noch fast Babys.

Gora hat nie das gehabt, was ich leicht habe, wenn ich Kinder sehe, ich verliere mich in Glück und Liebe – sie blieb ganz bei sich. Sie hat die Kinder aufmerksam beobachtet, aber nicht selbstvergessen, und hat immer geschaut, wo etwas nicht stimmte. Manchmal ist etwas passiert, und dann haben die Kleinen furchtbar geweint. Dann hatte Gora immer Bonbons – Trostbonbons und Belohnungsbonbons.

Gora hatte eine gute Balance zwischen Fordern und Spaßhaben. Ich kann mich nicht erinnern, dass ich mein Kind überreden musste, zum Turnen zu gehen. Das lag an der Art, wie Gora das Spielerische mit dem, was sie erreichen wollte, verbunden hat.
Die Kinder durften auch zur Musik hüpfen und singen und sich an den Händen fassen, richtig ausgelassen sein, mit viel Bewegung.

Sibylle: Gab es nicht auch Kinder, die nicht mitmachten?

Eike: Weißt du, es war nicht wie in der Schule, wo Kinder aus sehr unterschiedlichen Schichten zusammen sind. Die Kinder, die zu Gora gebracht wurden, hatten ihre sorgfältigen Mütter dabei. Ich kann mich nicht erinnern, dass Gora Zwang ausgeübt hat, animiert hat sie aber schon, wenn einer etwas nicht mitmachen wollte. Gora war eine geniale Pädagogin. Wenn es brenzlig wurde, hat sie ein Tänzchen dazwischen geschoben, zu dem Tante Thea[1] gespielt hat.

Sibylle: Und mit den Tänzchen hat Gora alles aufgefangen? Es gab nie Situationen, dass getobt wurde?

Eike: Doch, natürlich auch! Und zwar so wild, dass es Gora absolut zu viel wurde. Da konnte Gora ihre Stimme erheben und sagen: „Jetzt ist Schluss!"

Biba: Hat Tante Thea nur zum Tanzen gespielt oder auch bei anderen Gelegenheiten?

Eike: Wenn die Kinder den Fuß kreisen ließen nach der einen Seite, da hat Tante Thea „bob, bob, bob, bob, bob" gemacht und nach der anderen Seite „bo, bo, bo, bo, bo". Sie hat das ganz süß begleitet. Tante Thea hat auch ganz ruhige Sachen gemacht: einatmen – ausatmen. Ich wüsste überhaupt nichts Vergleichbares wie diese Stunden mit Gora und Tante Thea mit der Ziehharmonika.

Biba: Es gab auch Stunden, in denen Gora mit einem kleinen Kreis von Frauen nur Texte gelesen hat. Ich hatte viel mit Kindern zu tun, die früh sterben. Das war für mich damals sehr schwer. Gora hat sich vorbereitet und mit uns Texte zu diesem Thema gelesen. Sie hat das, was anlag, wirklich gespürt und aufgenommen.

Eike: Meine Güte, sie hat aber echt die Zeit verleugnet. Nein, so nicht ... Sie hat sich dieser Zeit, die auf Zeit und Geld aus ist, einfach verweigert.

Sibylle: Sie hat gegen den Strom gelebt.

Dieses Gespräch führten im Januar 1997 Sibylle Köhler und Elisabeth Trautmann („Biba").

---

[1] Von Tante Thea wissen wir nur, dass sie die Kinderstunden musikalisch begleitet hat.

Thomas Niering

Was an Erinnerung bleibt

Über meine Lehrerin Frieda Goralewski.

Erinnere ich mich heute an Gora, sehe ich sie auf ihrem Sitzbänkchen in dem Arbeitsraum in Berlin-Grunewald sitzen und höre ihre kräftige und klangvolle Stimme. Eine Stimme, die uns durch die Stunde und in unseren Körper führte wie die Stimme eines Wanderführers bei der Wanderung durch eine wunderschöne Landschaft. Das Objekt meiner Aufmerksamkeit war ich, der zumeist am Boden lag und versuchte zu „turnen", wie Gora ihre Arbeit manchmal nannte. Oft begannen wir im Sitzen auf dem Boden mit dem Klopfen, Streichen und Spüren von Becken, Beinen und Füßen. „Nun spüren Sie in sich hinein." Diese Aufforderung hörten wir immer und immer wieder und sie begleitete uns über die ganze Stunde und weiter darüber hinaus auch mit in den Alltag. Die Arbeit wechselte zumeist zügig zwischen Liegen, Sitzen, Stehen und Gehen, und mehr und mehr im Laufe der Stunde merkte ich, was ich unter meinem Kopf noch so mit mir herumschleppte. Oft war ich mit meinen Gedanken sonstwo, und es gab Stunden, in denen die inneren Stimmen keinen Moment zum Schweigen kamen. Dennoch fühlte ich mich auch nach solchen „schwierigen" Stunden erleichtert und war froh, an diesem Tag den Weg zu Gora gefunden zu haben. Dann gab es natürlich auch die schönen und berührenden Stunden, nach denen ich beschwingt und glücklich nach Hause ging oder mir aus Freude an meinem Dasein noch einen Gang um den nahen Grunewaldsee gönnte.

Schon die erste Stunde mit Gora hatte bei mir einen nachhaltigen Eindruck hinterlassen. Ich, der beinahe jeder sportlichen Betätigung skeptisch und ablehnend gegenüberstand, war damals auf der Suche nach einer Art Gymnastik, die mir nach einer zweiten Bandscheibenoperation Erleichterung bei meinen wiederkehrenden Rückenschmerzen bieten konnte, und die mehr war als die Konditionsgymnastik in den Sportstudios zu Beginn der 80er Jahre. Beinahe zur selben Zeit erfuhr ich über verschiedene Freunde von Gora und fand mich in ihrer Stunde ein. Noch heute entsinne ich mich der Aufgabe, ein Gefühl für die Beweglichkeit der Wirbelsäule zu finden.

Wir standen viel und summten immer und immer wieder, um vielleicht im Spüren von Vibration die Wirbelsäule zu finden. Und siehe da – plötzlich hatte ich den Eindruck eines vibrierenden Stabes in meinem Rücken, der mein Becken und meinen Kopf miteinander verband und der mich trug wie ein „Wanderstab Buddhas", denn so nannte Gora die Wirbelsäule in manchen Stunden. Ich war tief berührt und wusste, dass ich den richtigen Ort gefunden hatte. Derartige intensive Erfahrungen gab es auch später, zumeist übrigens in Momenten, in denen ich nicht darauf gehofft oder etwas erwartet hatte. Was ich bei Gora aber immer wieder erlebte, war die unausgesprochene Gewissheit, dass ich in jeder bewussten und deutlichen Wahrnehmung eines körperlichen Bereiches immer auch etwas darüber hinaus Reichendes gefunden hatte, etwas, das mehr war als das unmittelbare körperliche Gefühl. „Es" war da und damit war auch „ich selbst" da: Ich als Spürender wie als Existierender.

Goras Stunden waren sehr abwechslungsreich. Wir standen oft auf Keulen und balancierten auf ihnen, kamen in die Hocke oder in die Beuge, liefen die Last der Arme spürend und diese hebend und senkend vorwärts und rückwärts durch den Raum, saßen auf Hockern oder auf dem Boden, lagen und ließen unser Becken nach oben gleiten und wieder sinken, suchten uns immer und in allem dem Boden zu überlassen, die Schwere unseres Leibes und seiner Glieder wie unsere Atembewegung zu spüren, aber auch, den Aufrichtekräften in uns Raum zu geben. Und wir konnten uns viel dehnen und strecken. „Nun räkeln sie sich mal wieder" war eine ebenso häufige Aufforderung Goras in allen Stunden. Diese Momente des Erlaubens freier und spontaner Bewegungen wurden für mich besonders wichtig und tief erlebt. Hier spätestens kam dann das schier unendliche Gähnen, als käme die Müdigkeit meines ganzen bisherigen Lebens zu Tage. Und wie müde war ich! Das Gähnen wollte fast nicht aufhören. Dieses Gähnen kommen zu lassen und sich „ausgähnen" zu können, war eine der wesentlichen Erfahrungen der ersten Gora-Jahre.

Gora arbeitete in ihren Stunden sehr genau am körperlichen Aufbau, an der bewussten Wahrnehmung von Knochen, Muskeln, Gelenken, dem Zusammenhang der übereinanderliegenden Körperräume und an unserem Atemverhalten. Eine Teilnehmerin der Kurse nannte die Arbeit einmal

„Knochenmeditation", weil Gora oft direkt entlang der Knochenstruktur des Körpers von den Füßen aufwärts bis zum Kopf sich mit ihrer Stimme in uns durcharbeitete. Ihre Sprache war direkt und beschreibend, und es war für mich von Anfang an einfach, ihrer Stimme folgend meinen Körper zu erkunden. Doch es blieb nicht nur beim Körperlichen. Plötzlich tauchte in ihrer Rede der Alltag auf, sie fragte nach unserer Lebendigkeit und Geschmeidigkeit, wenn wir rasch zum Bus liefen oder zuhause die Treppe hochstiegen. Warum behinderten wir uns dort so sehr, dass wir immer wieder in ihre Stunde kommen mussten? Oder sie beschrieb die Natur, besonders die Bäume und Blumen, und beschwor deren Verwandtschaft mit uns. Einmal ließ sie mich vor einer aufgeblühten Amaryllis zum Stehen kommen und ich sollte sie einfach nur in ihrer ganzen Schönheit in mir fühlen. Aber dann kam sie gleich wieder auf den Körper zurück und in die unmittelbare Arbeit am leiblichen Geschehen. So vergingen die Stunden im Nu, und wenn ich danach auf der Straße stand, fühlte ich mich zumeist wach, von Kopf bis Fuß angeregt und lebendig, als ein Ganzes, der die Welt offen und freudig empfing. Es war immer wieder ein kleines Wunder, wie ich mich in der Zeit zwischen meinem Kommen und meinem Gehen verwandelt hatte.

Gora hatte einen großen Kreis ihr sehr ergebener Schüler um sich. Allerdings habe ich nie erlebt, dass sie ein solches Verhalten auch nur einen Moment förderte oder genoss, ganz im Gegenteil. Ihr war nur eines wichtig: in die Stunde zu kommen, zu probieren und in den Körper zu spüren. Das war ihr das Wesentliche und danach richtete sich ihr ganzes Verhalten. So war sie offen für die vielen neuen Schüler, die in jenen Jahren in Scharen zu ihr kamen. Die Neuankömmlinge unter den Männern hatten es allerdings etwas leichter als die Frauen, denn sie waren auch damals eindeutig in der Minderheit. So fanden sie manchmal etwas mehr Aufmerksamkeit, denn Gora sprach im Laufe der Stunde ihre Schüler oft direkt an. Nur ganz selten sagte sie etwas Kritisches über jemanden, und wenn, dann waren es die langjährigen Schüler, die hie und da kräftig ihr Fett abbekamen, wenn sie unaufmerksam waren oder sich bewegten, ohne mit dem in Kontakt zu sein, was gerade in ihnen geschah. Ganz da für eine Bewegung zu sein und zu spüren, „wie" das innere Geschehen sich vollzieht, das war immer wieder die große Herausforderung der Arbeit – auch und gerade für mich.

Denn oft fühlte ich mich einfach nur taub, unkonzentriert und müde, wenn ich in die Stunden kam. Ich hielt mich zumeist im hinteren Bereich des Arbeitsraumes auf, da ich oft in letzter Minute oder zu spät kam, und so konnte Gora, deren Sehkraft bereits sehr nachgelassen hatte – sie war damals bereits über 90 Jahre alt –, mich unmittelbar bei meinen „Versuchen" nicht sehen. Eines Tages geschah es bei einer Bewegung, dass ich mich plötzlich von Kopf bis Fuß als anwesend empfand, dass der Atem dabei tief und ruhig wurde und ich für einen kurzen Augenblick ganz da für das Geschehen in mir war. Es war ein überwältigender Moment. Ich hatte ihn noch nicht wirklich in Gedanken erfasst, als ich schon Goras Stimme hörte: „Thomas, ja, jetzt war es da!"

Im Gegensatz zu anderen Lehrern, die ich danach noch kennenlernte, blieb Gora mir gegenüber als notorischem Zuspätkommer immer geduldig. Sie verlor darüber nie ein Wort.
Aber als ich eines Tages pünktlich zur Stunde kam, schien sie außer Rand und Band: Was für ein glücklicher Tage das für sie heute sei – Thomas sei zum ersten Male zur rechten Zeit gekommen, so tönte sie wiederholt während der Stunde in die ruhige Runde. Ich kam über Wochen danach pünktlich!

Später, als ich Gora während meiner Ausbildung bei ihr und Michel Benjamin näher kennenlernte und sie auch öfter in ihrer Küche besuchte, erlebte ich dann, wie sie oft über Stunden in ihrem Rollstuhl am Küchentisch alleine und still vor sich hin gesessen war und wie viel zum Teil heftigste Schmerzen sie tagtäglich ertrug. Sie redete nie darüber. Sie war einfach da und fragte, wann die nächste Stunde begänne.

19.01.2003

Lisa Fehrenbach
„Jeden Morgen und Mittag und Abend"

Zuerst hatte sie mir schimpfend und knuffend die Schultern geknetet. Zum ersten Mal seit langer Zeit. Ich konnte mich so gut in meine Schultern hineinspüren wie noch nie. „Jeden Morgen und Mittag und Abend", sagte sie, „und ganz schnell geht das. Nicht denken, da habe ich einen festen Wirbel – hingeben können!"

Dann sagte sie plötzlich, die Stunde war schon weitergegangen mit Räkeln und Durch-den-Raum-Gehen: „Das Mädchen, das ich da eben geknetet habe, soll sich in die Mitte legen und alle sollen sich drum herumstellen und sie hochheben." Es dauerte einen Moment, bis mir klar war, dass ich gemeint war. Die anderen hatten es gleich verstanden, und ohne dass viel gesprochen wurde, lag ich in der Mitte auf dem roten Teppich und alle standen um mich herum. „Erst die Hände drunterlegen, um das Gewicht zu spüren, und dann sich aufrichten und dann den Menschen hochheben." Ich spürte die vielen Hände, große Hände, kleine Hände, warme und kühle, unter mir, am Kopf, an den Fersen, den Knien. Als sie mich hochhoben, hing ich ein wenig schief, da sie so ungleich groß waren. Es fühlte sich wunderbar an. Ich wollte nicht, dass es aufhörte, und diese Sorge ärgerte mich, weil sie mich von der wunderbaren Empfindung des Getragen-Seins trennte. „Und dann in die Knie gehen und dann wieder hinlegen", sagte Gora.
Ich war tief berührt.
„Jetzt durchs Zimmer laufen. Und das alles ist immer da, Erde, Schwerkraft, Knochen, Hingabe."

Gora war zu diesem Zeitpunkt 90 Jahre alt, ich war gerade 28. Seit meinem 20. Lebensjahr war ich als Hebamme tätig und hatte Hausgeburten begleitet. Für die Geburten, die immer aufregend sind, hatte ich alles gegeben und mich dabei verausgabt. Das führte mich zu Gora, die in Berlin berühmt war für ihre Arbeit mit schwangeren Frauen. Schon Elsa Gindler[1], Goras Lehrerin, hatte ab Mitte der 20er Jahre regelmäßig

Schwangerenkurse gegeben. Vor allem Gora und Ruth Menne, ebenfalls Schülerin von Elsa Gindler, sowie deren Schülerin, Angela Heller[2], hatten die Arbeit mit Schwangeren fortgesetzt.

Ich ging jeden Tag in die Stunden. Ich war mir nicht bewusst darüber, was geschah, irgendwie tat mir die Arbeit gut. Ich wusste nur eines, nach der Stunde fühlte ich mich besser, im wahrsten Sinne des Wortes fühlte ich mich besser, deutlicher. Es war so, als wäre ich jahrelang in eine teigige Masse gehüllt gewesen. Jetzt durchdrang ich allmählich diese zähe, undurchlässige Materie. Die Welt wurde real, konkret, die Knochen strukturierten sich substanziell. Die Kraft, die auf mich wirkte, wurde spürbar – ganz einfach, die Schwerkraft. Im ersten Jahr konnte ich diese Empfindungen nicht formulieren. „Was macht sie nur, dass es mir, und den anderen anscheinend auch, nach der Stunde besser geht? Was haben wir denn anderes getan als zu krabbeln, zu räkeln, die Füße zu kneten und einen Ball unter die Wirbelsäule zu legen? Wie ist es möglich, dass über ein Seil zu laufen oder auf einem Bein zu stehen eine so tiefgehende Veränderung bewirkt?" Es gab Menschen, die vermuteten, dass Gora über übersinnliche Kräfte verfügte. Sie selbst tat alles, um solchen Vermutungen die Grundlage zu entziehen. Immer zeigte sie sich einfach und menschlich. Dass es mir guttat, reichte mir aus, um immer wieder hinzugehen.

Wie schön die Menschen nach der Stunde aussahen. Wenn ich die Straße hinunterging zur Bushaltestelle und dann im Bus die anderen Menschen sah, war ich manchmal gerührt von ihrer Schönheit. Das waren doch die gleichen Menschen, die mir vorher grau und gestresst, unfreundlich und abscheulich erschienen waren. Was war geschehen? Was hatte sie mit uns gemacht?

Ganz zu Beginn der Ausbildung rief sie uns zu sich, wir mussten uns dicht um sie herumsetzen, während sie klein und freundlich auf dem Bänkchen saß, in dessen Innerem die Tennisbälle aufgehoben wurden. Manchmal erhob sie sich in der Stunde, mühsam, weil ihre Beine den Dienst versagten, drehte sich, auf das Bänkchen gestützt, langsam herum, klappte den Deckel hoch und warf Tennisbälle in den Raum. „Jetzt mal den Tennisball unter das Kreuzbein legen."

Sie rief uns also zu sich. „Wofür machen Sie diese Ausbildung?", fragte sie und blickte durch ihre dicken Brillengläser in die Runde. Wir, eifrig bemüht, eine ehrliche Antwort zu geben: „Weil es mir guttut." Gora schüttelte den Kopf. „Weil ich was für mich tun will." – Unwilliges Kopfschütteln. „Weil ich gesund werden will." Eine von unsicherem Schweigen geprägte Pause trat ein. Warum denn sonst sollte man diese Ausbildung machen, wenn nicht, um endlich einmal etwas für sich zu tun?

„Nein", sagte sie streng. „Sie machen diese Ausbildung, weil Sie die Arbeit an andere weitergeben wollen."

Das war ein ganz neuer Gedanke für mich und ich beschloss sofort, dass dies für mich auf keinen Fall zutreffen würde. Ich sehnte mich nach einer Auszeit für mich selbst, einer Pause, in der ich von nichts und niemand gefordert würde, in der ich mich ganz in meine eigenen Untiefen fallen lassen könnte. Ich wollte nicht geben, sondern etwas bekommen.

Oft saß in den Stunden jemand vor ihr und sie knetete ihn. Als sie mich zum ersten Mal aufforderte, mich vor sie zu setzen, war ich mir nicht sicher, was von mir erwartet wurde. Ich setzte mich also mit dem Rücken zu ihr vor sie hin und harrte der Dinge. Sie legte ihre Hände auf meine Schultern und berührte sanft meine Wirbelsäule. Das war angenehm. Ich saß ein wenig unbequem und so ließ ich mich fallen und lehnte mich zurück, gerade so, dass ich ein wenig gegen ihre Beine gelehnt war. Nur kurze Zeit ließ sie sich das gefallen. „Das geht nicht, dass sie sich anlehnen, das hätten Sie sicher gern, aber Sie müssen schon allein sitzen!", sagte sie und schubste mich nach vorn. Schnell richtete ich mich auf. Mich fallen zu lassen, das war es also nicht, was von mir erwartet wurde. Aber was war es dann?

„Das Becken hängt am Schädelrand", sagte sie. Sie sprach in Rätseln. Aber da sie so alt und ehrfurchtgebietend war und so viel Güte ausstrahlte, nahm ich ihre Worte ernst. Es musste stimmen, es lag an mir, dass ich das nicht spüren konnte. Die Oberschenkelkugeln, fremde Kontinente. „Und jetzt denken Sie genau mit, was ich sage." Ich dachte mit: Funksignale in ein schwarzes und unbekanntes Universum. Wo war das Echo?

Eines Tages, ich war schon seit mehr als einem Jahr in der Ausbildungsgruppe und verbrachte täglich drei Stunden auf dem roten Teppichboden, eines besonderen Tages spürte ich plötzlich, wie das Becken hängt. Ich saß im Bus, oben, ganz vorn, auf meinem Lieblingsplatz, als mir unvermittelt der Satz in den Sinn kam: „Das Becken hängt." Ich setzte mich aufrecht, sodass ich die Sitzbeinknochen auf der gepolsterten Sitzbank fühlen konnte. Plötzlich fühlte ich, wie das Schaukeln des Busses meine Oberschenkelkugeln in den Hüftgelenkspfannen bewegte. Mein Becken HING. Es schwang frei zwischen seinen Gelenken. Jede Bewegung des Busses durchlief meine balancierenden Gelenke. Jede Bewegung in den Gelenken erzeugte ein äußerst angenehmes, leicht kitzelndes Gefühl.

Einmal durfte ich Gora in der Mittagspause betreuen. Nach dem Essen wollte sie gerne große Mengen starken Kaffees trinken. Obwohl sie Kaffee nicht gut vertrug, betrachtete sie jede Art von Kräutertee oder Getreidekaffee mit der allergrößten Verachtung. Sie saß neben mir im Rollstuhl und hatte meinen Arm genommen. Ich suchte nach Gesprächsthemen und redete unbeholfen über dies und das. Sie hielt meinen Arm. Sie bewegte ihn ein wenig. Sie berührte meine Hand mit ihren unendlich weichen, gichtgekrümmten Händen. Ich redete Belangloses. Plötzlich sagte sie: „Jetzt!" Ich schaute sie verwundert an. Was war geschehen? „Jetzt hat die Schulter losgelassen. Haben sie das gespürt?" Ich war mit meiner Aufmerksamkeit gar nicht anwesend, wie hätte ich das merken können? Ich war befangen in Ehrfurcht und dem Wunsch, alles richtig zu machen. Wie hätte ich meinen Arm spüren können?

Sie lag auf der Seite, klein und zusammengerollt in ihrem Bett, und ich fütterte sie mit kleinen Stückchen frischer Ananas. Als ich ihr das erste Stück in den Mund schob, schrie sie beinahe auf vor Entzücken. „Mhmm, schmeckt das gut, mehr." Ich musste lachen, weil sie, obwohl es ihr überhaupt nicht gut ging, so ungeheuer genießen konnte. Schnell steckte ich ihr das nächste Stück in den Mund, wieder begleitet von einem begeisterten

„Mhmmmm". Bei jedem Stückchen seufzte sie vor Wonne. Nie habe ich einen Menschen erlebt, der Sinneseindrücke so genießen konnte wie Gora.

Berlin 2002

[1] Heinrich Jacoby: Jenseits von „Begabt" und „Unbegabt", Christians Verlag, Hamburg 1987, S. 268 ff.

[2] Angela Heller: Geburtsvorbereitung Methode Menne-Heller, Thieme Verlag, Stuttgart 1998

Virginia Fermanian
Mein Weg zu Gora und die Zeit mit ihr

Es war Mai 1982, als ich Gora fand. Es war mein großes Glück, und ich kann mit Fug und Recht behaupten, dass sie mein Leben gerettet hat. Einige Monate vorher hatte sich mein Gesundheitszustand durch einen akuten Bandscheibenvorfall, der jedoch von den Ärzten nicht erkannt worden war, innerhalb von 24 Stunden derart verschlimmert, dass ich in zwei Krankenhäusern in Berlin auf der Notaufnahme war und schließlich im Sankt-Gertrauden-Krankenhaus in Berlin landete.

Vor meiner Entlassung aus dem Krankenhaus hatte mir der Chefarzt noch gesagt, dass aus mir nichts mehr werden würde und ich am besten meine Rente beantragen solle. Ich glaube, dass es wirklich so gekommen wäre, wenn ich Gora nicht gefunden hätte. Dass ich sie überhaupt finden konnte, lag glaube ich daran, dass es für mich in dieser Zeit nur ein Ziel gab: Ich wollte diese Krankheit überwinden, andernfalls wollte ich mir das Leben nehmen.

Bei einem Besuch einer Freundin fiel mir ein Zettel mit der Ankündigung eines „Feldenkrais-Kurses" in die Hände. Was dort beschrieben war, sprach mich sehr an. So rief ich die Veranstalterin an und erzählte ihr von meiner Situation. Sie sagte, es mache nichts, wenn ich noch nicht lange sitzen, stehen oder laufen könne. Es würde mir sicherlich guttun, wenn ich trotzdem daran teilnähme und den gesamten Kurs mental mitmachen würde.

Also machte ich mich auf den Weg und nahm von Freitagabend bis Sonntagmittag an diesem Feldenkrais-Kurs teil. Zum Abschied hatten wir uns am Sonntag in einem Restaurant in Schöneberg zusammengesetzt, um über die Erfahrungen und Erlebnisse des Kurses zu sprechen. Die Kursleiterin erzählte bei dieser Gelegenheit von einer alten Dame namens Gora. Sie sagte mir: „Gora kannst du deinen Rücken anvertrauen, sie hat heilende Hände." Die Anschrift von Gora wusste sie nicht mehr, sie konnte mir nur in etwa den Weg beschreiben. So sagte sie mir, dass ich mit dem Bus bis Hagenplatz fahren solle und dann in die zweite Querstraße rechts einbiegen müsse. „Du musst auf der rechten Seite bei den Häusern in den Keller schauen. Dort, wo sich Menschen bewegen, bist du richtig."

Es war im Mai 1982, als ich dann tatsächlich in die zweite Querstraße rechts einbog und mir jedes Haus auf der rechten Seite genau anschaute. Ich entdeckte in einem Souterrain Menschen, die sich, wie beschrieben, „bewegten". Durch eine offene Tür an der Seite des Hauses fand ich Zutritt zu den mir später so vertrauten Räumen. Kaum war ich da, lief mir ein ganz in Weiß gekleideter Herr über den Weg. Ich sagte ihm, dass ich eine Dame namens Gora suchen würde. Er antwortete mir, dass sich der Umkleideraum rechts befinde und ich mich dort umziehen könne, um am Unterricht bei Gora teilzunehmen. Ich tat alles, was er mir gesagt hatte, und schlich mich in den Raum. Es war sehr voll. Auf einem roten Teppichboden lagen viele Menschen verschiedener Altersgruppen. Ich suchte eine Lücke und quetschte mich dazwischen.

Gora saß vorn auf einer Holzbank ohne Kissen, ohne Rücken- oder Armlehne. Sie sagte etwas von: „... den Atem spüren, loslassen, gähnen und räkeln, den Arm in die Luft heben und diesem nachspüren ... usw.", und alle folgten ihren Anweisungen.

Sie lenkte unsere Aufmerksamkeit auf die innere Wahrnehmung. Was geschieht z.B. in mir, wenn ich meinen Arm „bewege" oder mein Bein „bewege". Später mussten wir durch den Raum gehen und spüren, was dabei in den Zehen, Füßen, Kniegelenken, Armen passiert. Dann sagte sie: „Die Beine hängen an den Armen." Es hat sehr lange gedauert, bis ich verstanden hatte, was sie damit meinte.

Nach dieser ersten Stunde bei Gora ging ich zu ihr nach vorn und erzählte ihr, weshalb ich gekommen sei. Das Einzige, was sie sagte, war: „Oh, da müssen wir aber was tun. Geben Sie mir mal Ihre Telefonnummer, ich rufe Sie dann an. Sie sollten versuchen, so viel wie möglich in den Unterricht zu kommen." Das war alles.

Gora rief mich am darauffolgenden Donnerstag an. Es war Himmelfahrt. Sie bestellte mich in den Oberhaardter Weg, wo sie wohnte und auch unterrichtete. Ich fuhr sofort zu ihr. Sie saß wieder auf ihrem Bänkchen und ich sollte mich vor ihr in den Schneidersitz setzen. Sie griff mit ihren erfahrenen Händen in meinen Rücken, sie drückte links, drückte rechts, vorn und unten, an ganz verschiedenen Stellen, mit unterschiedlicher Intensität, und ich wusste gar nicht, was da eigentlich so vor sich ging. Sie sprach sehr wenig. Nach einer Stunde meinte sie, dass es nun ausreiche und ich mich doch so oft wie möglich sehen lassen solle. Ich ging von diesem Zeitpunkt an bis zu drei Mal in der Woche in Goras Stunden.

Das erste Mal spürte ich, dass hier ein Mensch saß, der sich wirklich für meine Belange interessierte und der wirklich wollte, dass es mir bald wieder gut geht. Es war faszinierend. Diese kleine, gebrechliche Person, die selbst infolge körperlicher Einschränkungen geh- und stehbehindert war, unterrichtete von morgens bis abends, und zwar alle Altersklassen. Da gab es die Kinderstunde, die Schwangerenstunde, die Vormittagsstunden, die Abendstunden für Berufstätige. Da gab es Menschen aller Nationalitäten, große und kleine, dicke und dünne, mit und ohne Gebrechen, Arbeitslose, berühmte Schauspieler, Musiker, Handwerker, Krankenschwestern, Lehrer, Ärzte und alles, was es sonst noch an Berufen gibt. Gora hatte eine Vorliebe für werdende Mütter. Auch die Kinder waren ihr sehr wichtig. Wird doch in der Kindheit der Samen für unser späteres Leben gelegt, wie sie oft sagte. Sie behandelte jeden Schüler so, dass dieser den Eindruck hatte, er wäre die einzig wichtige Person für Gora.

Sie sagte nicht viel, sie lebte alles vor. Manchmal haben wir eine Stunde lang nur Gehen oder Sitzen „gelernt". Wie gehe ich, ohne mich festzumachen? Wie sitze ich? Was passiert in meinem Körper beim Sitzen? Was passiert mit dem Hüftgelenk, wenn wir aufstehen? Weshalb machen wir uns immer wieder fest in den Schultern und im Nacken? Warum lassen wir nicht los? „Das Leben geht auch so weiter", sagte sie, „ob Sie sich festmachen oder locker und fröhlich durchs Leben gehen. Sie können ohnehin nichts daran ändern, also weshalb festmachen?" Als Beispiel sollten wir uns die Natur anschauen. „Oder haben Sie schon mal gesehen, dass sich die Blätter am Baum festmachen? Nein, sie gehen mit dem Wind, geben sich dem hin, was gerade passiert. Ob es nun ein leichter Wind oder ein Orkan ist. So müssen wir uns auch dem Leben hingeben und es so nehmen, wie es ist." Da gab es nie ein Klagen über das Wetter. Der Regen war Gora genauso willkommen wie die Sonne. Sie sah die kleinen Dinge. So akzeptierte sie auch jeden Schüler, wie er war, und versuchte ihm den Weg zu weisen. Ich habe viel von und bei Gora gelernt. Sie war eine großartige Lehrerin.

Gora war für mich die lebende Philosophie. Manchmal dachte ich wirklich, sie wäre der liebe Gott, verkleidet in menschliche Gestalt. Wie konnte ein einzelner Mensch nur so viel Liebe und Güte ausstrahlen und dabei so bestimmt sein? Sie hatte eine sehr kraftvolle, aber auch liebevolle Stimme. Und wenn sie mal heftig wurde, weil sie verärgert war, dann glich das einem Donnerwetter.

Dabei stand Gora nicht gern im Mittelpunkt. Sie ließ sich auch ungern fotografieren. Sie wurde fast ärgerlich, wenn man von ihr ein Foto machen wollte. Gern nahm sie an Veranstaltungen teil, ob es ein Theaterstück war, ein Konzert oder eine Buchlesung. Dies waren für sie stets aufbauende Erlebnisse, über die sie noch gern hinterher sprach. Auch sozialpolitisch war sie sehr interessiert.

Gora konnte sich in jeden Menschen hineinfühlen. Mir hat sie einmal aus meinem Leben etwas gesagt, was sie einfach nicht wissen konnte. Ich hatte mit ihr darüber niemals gesprochen, aber allein aus meiner Körperbewegung hat sie das erkannt. Ich war wirklich verblüfft. Später habe ich in einem Buch über Körperbewusstsein gelesen, dass ein Lehrer den Lebenslauf eines Schülers aus seiner Körperhaltung entnehmen kann. Für mich war das alles sehr faszinierend. Eine ganz andere Welt hatte sich mir aufgetan. Hinzu kam, dass sich mein gesundheitlicher Zustand laufend verbesserte, was bei der Prognose der Ärzte ein Wunder war.

Gora brauchte wenig zum Leben. Ihr Bett, ein Tisch, ein Stuhl, drei Faltenröcke und sechs Blusen und viele Bücher und Blumensträuße um sie herum. Manchmal hatte man den Eindruck, dass sie dieser Welt entrückt war. Meine innere Zerrissenheit führte dazu, dass ich manchmal auch auf sie wütend war. Dann dachte ich immer, was weiß sie schon von dem, was draußen in der Welt passiert?

Sie war immer für andere da, wenn jemand Hilfe benötigte, und sei es, dass sie dafür etwas arrangierte. Sie versuchte, uns beizubringen, worauf es im Leben ankam. Wie heißt es so schön: „Über den Körper zur Seele oder über die Seele zum Körper." Es ist alles eins. Wir sind eine Einheit und wir sind nicht nur der physische Körper, der wahrgenommen wird. Wir sind mehr.

Gora starb im Jahre 1989 mit fast 96 Jahren. Zu ihrer Beerdigung kamen mehr als 200 Menschen. Vor allem aber d a n k e ich Gora. Sie war mir eine großartige Lehrerin und hat mir den Weg für weitere Einsichten und persönliche Entwicklungsstufen geöffnet. Durch die Arbeit bei ihr habe ich verstanden, dass innere Freiheit nichts mit Äußerlichkeiten zu tun hat und dass das tiefe Glück von nichts und niemandem abhängig ist. Es gilt jeden Tag die Suche nach der Mitte fortzuführen und im Einklang mit den Gesetzen der Natur zu leben.

Juli 2002

Wolfgang Lindner
Geben, was Gora gab

Gora war immer im „Training"!

Wer sie beim Händeabtrocknen beobachten konnte, bemerkte, dass sie diese Alltagsverrichtung nie routinemäßig praktizierte. Sie zelebrierte dieses Ritual mit intensiver Aufmerksamkeit und Hingabe, so als wäre es das allererste Mal.

Genau darum ging es bei ihr: Immer und überall anwesend im Körper zu sein. Mit jeder Tätigkeit, die sowieso verrichtet werden muss, den Körper in den Genuss von mehr „Spüren", von Gründlichkeit und Anwesenheit zu bringen.

Ihre Hände bewunderte ich. Sie erschienen mir riesig im Verhältnis zu ihrer Statur. Aufgrund meiner Beobachtungen gelangte ich zu der Überzeugung, dass die von ihr verabreichten Massagen zwei Zwecke verfolgten. Einerseits half sie der zu behandelnden Person, andererseits diente die Massage ihr selbst und ihrem Körper, beispielsweise ihren Fingern, die dadurch wärmer und beweglicher wurden. „Bilden Sie sich nur nicht ein, dass Sie das (das Behandeln, das Unterrichten) für andere tun", ermahnte sie uns einmal.

Ein weiterer Grundsatz, den sie vermittelte, war der, dass der Behandler sich selbst intensiv mit einbezieht und auf sich achtet. Nur dann, wenn es mir selbst guttut, kann ich davon ausgehen, dass es dem/der zu Behandelnden auch guttut, eine Hilfe, die sich nicht verliert im Helfen. Ein Behandeln, das kein „Ausgelaugtsein" und kein „Hergeben" der eigenen Kraft und Vitalität bedeutet, sondern das im Gegenteil den Behandler ebenfalls bereichert und belebt.

Gora – die liebevolle Lehrerin

Gora war imstande, gleichzeitig eine Gruppe zu unterrichten, eine Person zu behandeln und bei alledem in Kontakt mit sich selbst zu bleiben.

Eines Tages war ich an der Reihe, von ihr behandelt zu werden. Ich war sehr gespannt, was sich in mir ereignen würde. Tatsächlich stand meine überhöhte Erwartung mir gründlich im Wege. Statt es geschehen zu lassen, sich entfalten zu lassen, forderte ich, stand mir mein „Wollen" im Wege, war ich fixiert auf ein bestimmtes Erlebnis. „Aha-Stunden" ergaben sich. War ich darauf erpicht, so wurde ich sicherlich enttäuscht.

„Wer geht denn schon den ganzen Tag vorwärts?", forderte sie uns eines Tages heraus. Warum nicht mal rückwärts, seitwärts oder wie auch immer gehen? Die Routine, die Gewohnheiten spielerisch zu durchbrechen und zu umgehen, Neues auszuprobieren und spontan zu werden, dies alles steckte in dem Satz.

Obwohl Gora in ihrem Sessel saß, konnte sie uns eine Intensität von Bewegungen und Bewegungsabläufen vermitteln, die ich so nie zuvor erlebt hatte.
Ich erinnere mich an diese herrlichen, verspielten und lehrreichen Unterrichtsstunden mit ihr. Hier erfuhr ich, dass „Lernen" durch „Erleben" und durch „Erfahren mit den Sinnen" stattfinden kann. Ihre Art zu lehren und zu vermitteln war für mich viel freier, lebendiger, intensiver, fröhlicher, umfassender und tiefgreifender als alle Lehrmethoden an Schulen und Universitäten, die ich bis zu jener Zeit kennengelernt hatte.

Ich lernte mit Bällen und Geräten zu hantieren und mit ihnen zu spielen. Nicht ich führe den Ball, sondern der Ball führt und inspiriert mich. Alltagsgegenstände, beispielsweise der Hocker, verwandelten sich in ein Turngerät.

Ich lernte, Freude an und in meinen Bewegungen zu erleben, verspürte eine Ausgelassenheit und Leichtigkeit, wie sie bei Kindern oft zu beobachten sind. In manchen Unterrichtsstunden fühlte ich mich in meine Kindheit zurückversetzt.
Wir „Kinder" durften in solchen Stunden tollen, kriechen, krabbeln, über

und auf Hocker steigen, also nach Herzenslust spielen und „Kind sein". Die Freiheit, die sie uns ließ, war bemerkenswert. Dennoch griff sie ins Geschehen ein, wenn wir nicht bei der Sache waren.

Goras Aufgabenstellungen waren überwiegend innerer Art, d.h. wir bewegten uns völlig unterschiedlich voneinander, verfolgten jedoch alle z.B. die Aufgabe, unsere Schultern zu lockern.

„Haben Sie niemanden, der Ihnen den Rücken krault?", fragte Gora mich eines Tages. Dieser Ausspruch traf mich in meinem Innersten. Die Themen: Beziehung, Nähe, Intimität, soziale Kontakte und Unterstützung waren in meinem damaligen Leben unerfüllte Bereiche. Und ihre wenigen Worte veranlassten mich, aktiv nach Erfüllung meiner Bedürfnisse zu suchen.

Während der Tschernobyl-Katastrophe war eine Mitschülerin sehr besorgt über das Ausmaß des Unglücks und die Folgen. Am Ende der Stunde ging sie betrübt und ängstlich zu Gora, um sich zu beraten. „Machen Sie weiter wie bisher und arbeiten Sie noch besser und gründlicher an sich, das ist alles, was Sie tun können", riet sie ihr. In diesen Worten steckt eine Weisheit, die aus der Erfahrung gewonnen war. Gora selbst hatte zwei Kriege durchlebt und überlebt.

Erinnerungen an Einzelstunden

Der Gedanke, mit Gora und ihrer Intensität allein zu sein, flößte mir gelegentlich Angst ein, zumindest bescherte er mir ein flaues Gefühl in der Magengegend. Manchmal konnte ich diesen klaren Spiegel (Gora) nicht ertragen und versuchte, ihm aus dem Weg zu gehen oder mich in der Gruppe zu verstecken.

Mich ergriff das bestimmte Gefühl, dass sie mich durchschaute und in meinen Gedanken und Emotionen lesen konnte wie in einem aufgeschlagenen Buch. Natürlich hatte ich sie in der Gruppe auch zornig, ärgerlich und wütend erlebt. Dem konnte ich entweichen, wenn ich mir innerlich zuflüsterte: „Damit meint sie nicht mich." Womit ich mich natürlich belog.

Selbstverständlich zweifelte ich auch manchmal an Gora und an dem, was sie mich lehrte. In solchen Phasen befielen mich widersprüchliche Gefühle und Gedanken hinsichtlich ihrer Persönlichkeit. Einerseits repräsentierte sie eine alte, gehbehinderte Dame, die selbst auf Hilfe angewiesen war. Andererseits erkannte ich in ihr die starke, selbstbewusste, unantastbare, liebevolle, nie fassbare, große und sich ständig wandelnde Persönlichkeit, die sehr in der Gegenwart lebte. Voraussehbar waren ihr Verhalten und ihre Reaktionen nie.

In einer Einzelstunde forderte sie mich auf, am Skelett den Brustkorb und die Rippen zu erforschen. Sie wies mich an, von unten her in den Brustkorb des Skeletts zu fassen, von innen her an den Rippenbögen entlangzustreifen und dabei insbesondere die Zwischenräume zu erkunden.

Sie hatte wohl sofort an der Form meines Brustkorbs erkannt, was für mich wichtig wäre. Noch heute streiche ich gerne über meinen Brustkorb, ertaste die Rippen und ihre Zwischenräume. Es bewirkt ein Seufzen, Befreiung und Sinkenlassen der unteren Rippenbögen: Nichts Besonderes darstellen zu müssen, um akzeptiert und geliebt zu werden. Mich weich und entspannt fühlen, ohne die Angst, verletzt zu werden.

In meiner zweiten Einzelstunde begab sich Gora mit mir in ihr Privatzimmer im ersten Stock im Oberhaardter Weg. In jener Stunde widmeten wir uns dem „Sehen". „Gucken lernen, wieder gucken lernen", betonte sie, während ich aus dem Fenster schaute. Sie zeigte mir, wie ich Stirn und Augenbögen anfassen und massieren sollte. Sie ermunterte mich, meinen Blick schweifen zu lassen. Die Bäume vor dem Fenster, die Weite und die Natur ließ sie mich betrachten, wahrnehmen, genießen und in mich hereinlassen. Auf die Bedeutung von Licht und Sonne, ohne die ja kein Sehen möglich sei, wies sie mich ausdrücklich hin.

Indem ich lernte, mich auf den Prozess des Sehens einzulassen, und ihn bewusster wahrnahm, machte ich erstaunliche Entdeckungen: Raum und Bewegung betrachten, Gefühlszustand und Sehvorgang, Farbwahrnehmung, Wechsel zwischen Aufnehmen und Ausstrahlen, Wahrnehmung der Muskeln in Stirn-, Augen- und Nackenbereich.

Wichtige Richtlinien

Gora schimpfte einmal über die Unart, zwei Dinge gleichzeitig zu tun. Beispiele hierfür lassen sich zur Genüge finden: Essen und reden, essen und lesen/fernsehen. In Gedanken versunken spazieren gehen, ohne die Umgebung wahrzunehmen.

Gleichzeitig warnte sie vor zu viel Konzentriertheit (statt Konzentration) und Langsamkeit. Bemerkte sie dieses, forderte sie uns zu freier und spontaner Bewegung auf, so wie Körper und Atem es wollten.

In einer Stunde, ganz vertieft ins Spüren, schnappte ich den Spruch auf: „Das Becken hängt überall, auch in Amerika!"
Wo und wie auch immer wir uns befinden, die Schwerkraft und unser Körper werden uns bis zum Tod begleiten. Diese Tatsache birgt unermesslichen Trost in sich. Die Möglichkeit, an und mit unserem Körper a l s F r e u n d zu arbeiten, ihn zu erforschen, ihm Gutes angedeihen zu lassen und auf seine Signale zu lauschen, bleibt zeitlebens bestehen.

Gora etwas vorzuturnen oder eine Leistung zu vollbringen, imponierte ihr in keiner Weise. Ihr lag die Intention, die innere Einstellung, das ehrliche Bemühen ihrer Schüler/innen am Herzen. Beim Balancieren auf der Schwebestange ging es ihr nicht darum, dass wir das Ende der Stange erreichten. Es zählten andere Kriterien: Hingen unsere Schultern? Erlaubten wir uns im Aufsteigen Unsicherheit und Schwanken? Blieben wir dabei fröhlich, motiviert, flexibel und lebendig?

Bisweilen lobte sie Schüler/innen, die immer nur den ersten Schritt übten, wohingegen sie andere, die „krampfhaft" und schnell ans Ziel gelangen wollten, nicht beachtete.

Nach und nach verinnerlichte sich unsere Betrachtungsweise, sodass wir allmählich selbst spürten, wann eine Bewegung gelungen war und wann nicht. Wir lernten, uns selbst gegenüber ehrlich zu sein sowie auch andere gründlich zu erforschen und zu beobachten.

Gora strahlte Natürlichkeit, Wahrhaftigkeit und Wandelbarkeit aus, und damit förderte sie diese Qualitäten in uns.

Erfolge – „Hurra, es klappt! Hurra, ich hab's!" – stellten sich ein. Dann verschwanden sie wieder. Sie kamen und gingen, kamen und gingen.

Was bewegt sich? Bewege ich meinen Körper oder lasse ich ihn sich bewegen?

Lasse ich Bewegung entstehen? Es geschehen lassen, es mich bewegen lassen – ohne mit dem Willen und mit den Gedanken dazwischenzufunken!

Gora einmal anders

Ich erinnere mich auch, wie schmerzlich und peinlich es werden konnte, wenn sie eine/n unter uns herauspickte und ein Exempel statuierte. Hin und wieder fragte sie, ob jemand ein Anliegen habe. Eine relativ junge Schülerin setzte sich vor sie auf den Boden. Es ging ihr nicht gut, und ihre gebückte Haltung zu jenem Zeitpunkt fiel auf. Gora bemühte sich, die Schülerin mit ihrer Stimme und ihren Händen „zurechtzurücken". Es gelang ihr jedoch nicht, und sie wurde sichtlich ungeduldig und erregt. Schließlich donnerte sie ein paarmal mit ihrer Faust wütend auf jene Stelle im Rücken mit den Worten: „Hier müsste man so lange hinschlagen, bis ein blauer Fleck entsteht." Die Schülerin war fassungslos.

Ein weiterer Anlass: Gegen Ende einer Stunde fragte Gora eine Schülerin, wie es ihr gehe. Auf die Antwort: „Körperlich gut, aber seelisch schlecht", wetterte Gora, dass es so etwas nicht gäbe.

Was Goras Arbeit bei mir bewirkte

Eine Zeitlang arbeiteten wir intensiv am Bauch. Dort können sich unwillkommene, ungeliebte, unausgedrückte, von der Gesellschaft tabuisierte Gefühle, aber auch unterdrückte angenehme Gefühle in Form von Muskelpanzerungen speichern. Goras Arbeitsweise führte zu einer Auflösung dieser Panzerung, doch eine adäquate Begleitung für aufbrechende psychische Probleme konnte sie bzw. die Schule nicht bieten.

Bei mir kam eine Lawine ins Rutschen, die mich beinahe überrollt hätte, und ich erlebte manchmal „höllische" Stunden. Meine unterdrückten Gefühle (Wut, Aggression, Trauer ...) meldeten sich mit solcher Wucht, dass ich zweimal die Unterrichtsstunde verließ und zum nahe gelegenen Wald joggte, um dort mit dicken Ästen auf Bäume einzuschlagen und lauthals meine Gefühle hinauszuschreien. Die Erleichterung und die Befreiung, die ich nach diesen Ausbrüchen erlebte, bestätigten mir die Richtigkeit meines Vorgehens.

Auf Empfehlung einer Mitschülerin wandte ich mich an eine Radix-Therapeutin. Hatte ich bei Gora Sensibilität hinsichtlich meiner Körperempfindungen entwickelt, so wurde mir nun klar, dass meine Gefühlswelt unterentwickelt war und in den Kinderschuhen steckte. Nach dem ersten Hinausbrechen, Hinausschreien und intensiven Erleben unterdrückter Gefühle folgte ein mühevoller Weg zur Integration des lebendigen, angemessenen Gefühlsausdrucks in den Alltag.

Goras Selbstzweifel und Ernsthaftigkeit

Gora hatte auch Momente, in denen sie Zweifel an ihrer Arbeit hegte. Sie sah uns und unsere Bewegungen als ihren Spiegel, als das Resultat ihrer Arbeit an. Natürlich war sie manchmal verzweifelt, wenn sie unsere mageren Fortschritte oder gar unsere Rückschritte miterlebte. Sie wollte mehr erreichen und forderte mehr von uns: gesündere Füße, lockerere Schultern usw.

Ein anderes Mal forderte sie uns ernsthaft auf zu überdenken, ob wir wirklich Bewegungslehrer werden wollten?! Ihrer Meinung nach nahmen einige von uns die Ausbildung nicht ernst genug. Sie verlangte ein eindeutiges „Ja" zur Ausbildung oder deren Abbruch. Die wenigsten von uns hatten eine klare Vorstellung, wie und ob sie diese Arbeit in ihren Beruf integrieren konnten.

Was ist geblieben?

Für mich persönlich bedeutete diese Ausbildung sehr viel. Einige Samen, die Gora gepflanzt hatte, sind zu stattlichen Pflanzen herangewachsen. Mein Interesse an Menschen wuchs und wächst, genauso wie meine Neugier und Aufgeschlossenheit gegenüber Neuem. Ich arbeite mit nahezu allen Altersstufen (von 6 bis 86 Jahren) und möchte diese Vielfalt nicht missen.

Vor einigen Jahren besuchte ich Goras Grab auf dem Sankt-Matthias-Friedhof. An einem sonnigen, saftigen Frühlingsspätnachmittag stand ich vor ihrem schlichten, etwas verwilderten Grab (es würde ihr gefallen). Plötzlich war mir, als ob ich ihre Stimme vernähme: „Was wollen Sie hier? Vertun Sie nicht Ihre Zeit auf dem Friedhof. Ich lebe weiter in Ihrer Arbeit."

Berlin 1998

Gabriele M. Franzen

„Bedanken Sie sich beim Leben"

„Nun räkeln Sie sich mal tüchtig!" Goras unendlich ruhige, gütige Stimme ertönte und füllte tief und laut den ganzen Raum. Da war jedoch nur diese kleine und körperlich gebrechlich scheinende Person auf dem harten Kohlebänkchen: Gora, eine 1978 bereits fast 90jährige, sehr kleine Frau. Wie alle anderen Gindler-Schülerinnen und -Lehrerinnen, die ich nach diesem ersten Berliner Kontakt mit der Gindler-Arbeit noch kennenlernen würde, war auch sie leibhaftige Verkörperung dieser Arbeit und bis ins hohe Alter (die meisten Gindler-Lehrerinnen sind weit über 90 Jahre alt geworden) von selbstverständlicher Wachheit und erstaunlicher Leistungsfähigkeit – trotz auch nicht ausbleibender Krankheiten und Gebrechen.

„Wie ein Engelchen, so leicht" ging ich nach dieser ersten Stunde bei Gora auf der Nassauischen Straße. Ich war angekommen bei meiner mehrjährigen Suche nach einer Bewegungsarbeit, die meine Sehnsucht erfüllte. Diese Sehnsucht erschien mir damals als der Wunsch, etwas mehr „Inneres" in der Bewegungserfahrung zu finden, ein ganz persönliches Berührtwerden und Übereinstimmen. Später und an der Universität nannte ich dieses Erleben „meinen archimedischen Punkt" finden, die unhinterfragbare Evidenz im Erkennen. Bei Gora jedenfalls fühlte ich mich schlicht und sofort wie „nachhause" gekommen oder genauer „am Nachhausekommen". Und so begannen intensive Lehrjahre, in denen sie mich schnell immer wieder auf den (roten) Teppich zurückholte.

Knochenarbeit

Ihre Stunden waren nämlich so, dass mir glücklicherweise wenig Zeit blieb, dabei nachzudenken.

Meist verließ ich sie unendlich erleichtert und konnte jahrelang kaum sagen, wie dies entstehen konnte. Manchmal aber auch war ich so unfassbar verwirrt, dass ich mir nur zu helfen wusste, indem ich anschließend im immer gleichen Restaurant eine Portion deftige Bratkartoffeln aß. Gora schien wie eine Zauberin zu wirken, insbesondere in den „Laienstunden" meiner ersten Jahre (ca. 1978–1980). Gerade diese „Turnstunden" waren ein scheinbar chaotisches Gemisch von vielen schnell hintereinander gereihten Bewegungsversuchen in ständig wechselnden Raumebenen (Liegen, Sitzen, Gehen, Liegen, Springen, Stehen usf.), von freundlichem Zureden „des Körpers", Ausschimpfen, Aufforderung zu liebevollem und minutiösem Sich-Einfühlen in die eigene Anatomie (oft verbunden mit dem Gang zum Echt-Skelett, das im hinteren Flur hing!), von Aufforderung, aber auch zu unentweichbarer Aufrichtigkeit im Sich-Wahrnehmen. Es gab Ermuntern, Trösten, Locken und humoristische und trocken naive Einlagen, Gora erschien fast unerschütterlich in ihrer Ruhe. Sie wirkte durch Teilhabe an ihrer Munterkeit und Lebenskraft, und im beispielhaft liebevollen Sich-Zuwenden an einen einzelnen Menschen über Worte und/oder Anfassen. „Knete" nannte sie dieses zutreffenderweise. Denn auch ihre Behandlungen waren wie das gesprochene Zureden ein Modellieren des Menschen, wie ein Sauberstreichen eines fast fertiggestellten Gebildes aus Ton mit beiden Händen und allen Fingern, immer unter Beachtung der ganzen Form und der Gestaltungskraft, die die umhegte Person selbst frei werden lassen konnte durch ihr Ruhigwerden und das gemeinsame Einfühlen.

Gora lockte das sinnliche Bewusstwerden unserer Anatomie immer im Zusammenhang und Zusammenspielen im ganzen Körper. Sie benannte es so, wie sie es während des Sprechens an den einzelnen SchülerInnen als fehlend oder gerade reagierend sah und in sich mitfühlte. Das führte zu scheinbar unlogischen Reihenfolgen. Zusätzlich war ihr Reden noch ebenso unterbrochen wie unterlegt mit Passagen einer praktischen Philosophie: das Vögelchen, das den Schnabel auftut und überall in sich einfach nur singt – das Kräftefeld der Erde, wie es um und in uns wirkt – das Medium der Luft in und um uns – immer wieder das Leben, wie wir es in uns zulassen können – Bewundern und Preisen der Schöpfung, Eingebettetsein des Individuums in den Lauf der Welt. So ließ sie uns teilhaben an ihrem „Geschehenlassen".

Wie eine Nährlösung umgab uns dabei die nahezu ununterbrochene Umhüllung von Goras Stimme. In ihr kamen ihre Ruhe, ihre Wärme, Kraft und liebevolle Zuwendung zu einem Schwingen, das uns wirklich bis „tief in die Knochen" erreichen konnte.

Gora war einfach immer da und gab. Sie gab Stunden an sechs Tagen der Woche zu allen Zeiten. Ihre Art zu sein und ihre besondere Weise zu unterrichten ermöglichten mir in der Atem- und Körpererfahrung das Zurückfinden zu einem „Urvertrauen", einem Aufgehobensein in Lebensvorgängen. Im „Geschehenlassen" fand ich zurück in Funktions- und Lebenslust. Als Psychologin ahne ich, dass in ihren Stunden eine Art Nach-Nährung mit mütterlichem Versorgtsein stattfand.

Dazu passten auch ihre organisatorischen Rahmenbedingungen, die eine nahezu paradiesische Einladung dazu waren, zu kommen, wann man wollte, und mit eigentlich keinerlei Verpflichtungen! Heute glaube ich, dass dieses „Setting" sowohl zu der besonderen Wirkung von Goras Unterricht beigetragen hat als auch zu dessen Grenzen. Es lag darin auch eine Verführung. So konnte es möglich werden, dass man jahrelang zu Gora ging, sich über ihre Stimme selbst im nur verbalen Unterricht „kneten" ließ, sehr profitierte – und wenig über diese Art der Arbeit mit sich selbst lernte. Denn trotz der vielen Worte lief die eigentliche Einflussnahme eher über die präverbale Ebene zwischen den Zeilen. Zwar steckte eine klare Körpergesetzmäßigkeit dahinter, wie insbesondere die von Schwere, von Reflexen für funktionale Spannkraft (von Gora „Strebekräfte" genannt), von innerorganismischer Selbstorganisation und von der Gestaltungskraft des ungestörten und frei werdenden Atems. Aber Gora wirkte eher damit, als dass sie versuchte, sie auch kognitiv verstehbar zu machen. Hauptanliegen war ihr ein tiefes Sich-Loslassen, bevorzugt verkörpert im Hängenlassen von Beinen und Becken (aber am Schädelrand!). Es gab keine Gruppengespräche über die gemeinsam erfahrene und „probierte" Arbeit, die Verstand und Selbstverantwortung stärker gefordert hätten. Dies war ein großer Unterschied zwischen ihr und anderen Gindler-Lehrerinnen. Auch die Gespräche später in den speziellen Fortbildungsgruppen und in der Ausbildungsgruppe, die ich in deren drittem Jahr mitbesuchen konnte, blieben recht begrenzt. Wie es heißt, sei dies nicht nur Goras Naturell geschuldet, sondern auch der Tatsache, dass sie den Unterricht von Elsa Gindler nur in deren Anfangsjahren besuchen konnte (oder vielleicht auch wollte, wie ich aus einer Bemerkung vermuten kann). Von Gindlers Zusammenarbeit mit Jacoby und deren späterer Entwicklung[1] wurde sie daher kaum erreicht. Diese unterschwellige und die Kontrolle aushebelnde Unterrichtsweise war etlichen Menschen unheimlich, die ich mit meiner Begeisterung zum Besuch von Goras Stunden missionieren wollte. Insbesondere Männern erging es öfter so. Sie konnten damit entweder „nichts anfangen" oder projizierten persönlich: „Ich fühle mich von dieser Frau gänzlich durchschaut, das macht mir Angst."

Persönlich bin ich glücklich über die Reihenfolge meiner Begegnungen mit Gindler-Lehrerinnen. Ich verdanke Gora viel dafür, dass ich bei ihr lange Zeit erst mal „regredieren" durfte im Körperentdecken und Entfaltenlassen, dafür, dass sie es mir ermöglichte und mich dabei in Ruhe ließ. Das „Abnabeln" kam ganz natürlich und zeigte sich zuerst darin, dass ich bevorzugt zu Gora ging, wenn es mir eben nicht schlecht ging, ich mich bereits selbst erst mehr „in Ordnung" gebracht hatte. Dann auf einmal bemerkte ich zunehmend, zu welch weiteren Themen ich noch geweckt wurde in der Arbeit mit anderen Gindler-Schülerinnen, insbesondere Charlotte Selver. In meiner vorherigen Begegnung mit ihr hatte ich das noch „überhört". Niemand bisher hat mich aber so tief und im Unaussprechlichen berührt, wie Gora es konnte und immer wieder kann.

Wollte man sich bei Gora für eine Stunde bedanken, hieß es immer nur: „Bedanken Sie sich beim Leben und bei Elsa Gindler, ihr verdanken wir alles."

---

[1] Siehe weiteren Beitrag im Anhang: Gora im Umfeld der Arbeit in der Tradition von Elsa Gindler.

Heidemarie Fitzi-Theobald
Das ganz Konkrete

Es ist ja gar nicht so leicht, etwas über Gora aufzuschreiben.

Ich besitze das Buch von Dr. Lily Ehrenfried, von dem Gora gesagt hat, dass es das Buch sei, das sie gern geschrieben hätte, wenn sie hätte schreiben können – sie hat es immer empfohlen!

Ich habe Goras Stunden als eine große Hilfe und ihren Unterricht als die sensibelste „Krankengymnastik" empfunden, die ich mir vorstellen kann. Nach schweren Operationen, die ich als Kind hatte (Bauchdrüsen-Tbc), und einer schweren Operation im vierten Monat meiner ersten Schwangerschaft konnte ich mich in Goras Stunden gut auf die Entbindung vorbereiten, zumal der Arzt[1], der mich operiert und von Magdalena entbunden hat, auch ein Gora-Schüler war, also etwas vom Atmen verstand. Später hatte ich das Glück, dass auch die Kinderärztin mit Goras Arbeit vertraut war.

Für mich war es gerade das ganz Konkrete, die „Alltagsbewältigung", die ich mit ihrer Hilfe begreifen und leisten lernte; deshalb ging ich so gern und so oft in ihre Stunden. Die sich täglich wiederholenden Anforderungen des normalen Alltags – erschwert durch nicht ganz einfache Schwangerschaften und die Sorge um den Beruf – verlangten viel Disziplin und auch „Haushalten-Können" mit den eigenen Möglichkeiten. Mein Wunsch, alles irgendwie richtig zu machen, war sehr groß, und Goras Stunden waren eine besondere Hilfe in dieser Zeit. Ich glaube, dass sich die wunderbare Kontinuität von Goras Arbeit – ihres täglichen Einsatzes, ihrer Aufmerksamkeit und auch ihrer Menschlichkeit – sehr gut aus ihrer Biographie erklären lässt. Ob Goras Lebensweg ihren Schülern bekannt ist, weiß ich nicht. Wenn er das nicht ist, wäre es bestimmt interessant, das Besondere daran aufzuschreiben.

März 2000

---

[1]   Prof. Dr. med. H.-W. Boschann, Virchow-Krankenhaus Berlin.

Gora erzählt, einundneunzigjährig

Transkript von einer Stunde aus dem Jahre 1984

Geboren bin ich in einer ganz lieben kleinen Stadt; damals war sie wirklich nur lieb und nur klein – Hildesheim.

Rings, rings, rings, Wald, Wald, Wald, nix als Wald. Wir wurden auf die Straße geschickt. Wir spielten auf der Straße Ball und Reifen und was wir wollten. Und sausten von da in fünf Minuten zum Wald. Das war natürlich ein sehr schöner Anfang vom Leben. Für viele. Für keinen von Ihnen – aber für viele, die damals lebten. Und für mich jedenfalls, Älteste von damals acht Geschwistern.

Und dann kam ich, weil meine Eltern nach Danzig zogen, in eine andere Stadt, aber eine unglaublich schöne Stadt. Rings umgeben vom Meer. Malen Sie sich das mal aus: dies Danzig, das heute polnisch ist, das Sie gar nicht mehr kennenlernen wahrscheinlich, oder wenigstens nur so als Touristen.

Da war ich dann acht Jugendjahre. Also, ich hatte es schon vom Schicksal her unendlich gut. Keines von uns Kindern wäre auf die Idee gekommen, man könne auf der Straße nicht Seilspringen, man könne nicht rennen über die Straße. Das ging alles. Da liefen nur die Pferde gemütlich durch, na, die nahmen auf uns Rücksicht. Die waren so lieb. Und dann dieses Danzig – das Meer. Wenn die Mutter uns 10 Pfennig und ein dickes Paket Butterbrote mitgab, konnten wir den ganzen Tag an der See sein. So schön war das in Danzig.

Und von da aus kam ich dann nach Berlin, weil ich in Danzig nicht mehr die Möglichkeit hatte, meine Ausbildung fertigzumachen. Ich wollte Lehrerin werden. Und damals war das alles so: Es gab ja noch keine sozialen Unterstützungen, da mussten die Eltern alles bezahlen. Nicht nur das Schulgeld, auch die Hefte, auch die Bücher, die Bleistifte, alles musste bezahlt werden. Mithin, ich konnte das in Danzig nicht zu Ende führen, und weil meine Eltern nach Berlin gezogen waren, sollte ich die Ausbildung der Billigkeit halber in Berlin beenden.

Komme in Berlin an, und wie lange dauert es – Erster Weltkrieg! Und das werde ich nie in meinem Leben vergessen –, wenn ich also noch einen Tag lebe, oder vielleicht auch noch mehr Tage – das kann ich nicht wissen, aber nie vergessen, wie ich da in so hoffnungsloser Verzweiflung durch diese Stadt gelaufen bin. Diese Stadt voller Straßen, voller Häuser, was ich nicht kannte. Diese Stadt, unlebendig, wie sie auch schon damals war, wenn auch noch nicht so stark wie heute. Diese Stadt mit lauter, lauter Menschen, die mich nichts angingen – in Danzig hatte ich jedem Guten Tag gesagt, den ich da traf; jeder hatte mir Guten Tag gesagt – das war einfach gar nicht anders. Wir lebten ja miteinander. Und in Berlin – ich rannte durch diese Straßen, die ich nicht kannte, war nur verzweifelt und dachte: Was denn, Krieg? Das gibt's doch gar nicht! – Da waren mal Perserkriege, da waren mal jene Kriege, da waren andere Kriege. Krieg, das war mal. Das ist doch wohl ein Märchen. Das kann's doch nicht heute geben. Ein Krieg – wo gibt's einen Krieg?

Ich erlebte es dann schlimm genug, nicht? Ich erlebte diesen Jubel, der durch die Stadt eilte: Junge, junge Frauen, junge, liebe kleine Mädchen banden Blumensträuße an die Gewehre der Soldaten und sagten: Wir sehn dich ja gleich wieder, gleich kommst du wieder. D a n n besitzen wir den Rhein. Das war die Einstellung. So liefen die in den Krieg hinein.

Und zehn Tage später die ersten Verlustlisten. Da war es wirklich Krieg. Ein böser Krieg. Und ein wirklich stattfindender Krieg, den wir erleben mussten. Der Erste Weltkrieg und ein sehr, sehr böser Krieg mit allem, was zu einem Krieg gehört. Mit Sterben, mit Verlorengehen, mit Sich-Ver-lieren, mit Hunger, mit sehr viel Hunger. Brotmarken gab es da – wer hatte so was je gekannt? Brot auf 'ne Marke – das gab's doch nicht. Ja, es war eben Krieg. Und der Krieg war nicht so, wie man gedacht hatte, als man die Sträuße an die Gewehre band.

So war das mit dem Ersten Weltkrieg, so fing das an. Und so fing dann im Grunde auch mein Leben richtig an. Aber damals, kurz bevor dieser Krieg ausbrach, aus der Lebendigkeit der Wälder, aus der Lebendigkeit der Meere, die es ja immer noch gab, da entstand damals etwas, was vor dem Krieg noch nicht gewesen war, was aber nicht durch den Krieg gekommen ist, sondern was damals so aufbrach.

So ein Bedürfnis – ja, was treiben wir denn? Was macht ihr denn mit eurem Körper? Der erstarrt ja mehr und mehr. Und da kamen Ärzte und Leute, die sich für den Körper interessierten, die kamen auf die Idee, man müsse nun endlich, endlich anfangen, etwas zu tun für diesen Körper, dass er nicht noch mehr versteifte, noch mehr erstarrte.

(So, nun räkeln Sie sich erst noch mal. Schlucken Sie das mal runter, was das für ein Entsetzen in mir war.)

So wie überall, ehe die Blüten, die Knospen da sind, die Knospen für die Blätter, so kam die Lebendigkeit, die wollte durchbrechen. Und die brach auch durch, trotz Krieg, trotz zweier Kriege – brach sie gewaltig durch.

Und das Persönliche dabei ist, dass die Lehrerin, zu der ich dann noch nicht gleich, aber dann im Laufe der Jahre doch eben kam, dass die mit zu denen gehörte, die aufwachten. Und diese hieß mit Namen – den müssen Sie sich wohl merken, weil das die Schule ist, aus der sowohl der Michel wie auch ich unsere Kraft holen –, die hieß Elsa Gindler.

Sie war nicht die Erste. Damals war das so, dass jeder anständige Mensch „mensendieckte". Nämlich, er hatte erfahren, was diese Frau Mensendieck, die Frau eines Arztes in Amerika, sich ausgedacht hatte, in diesem Aufbrechen, in diesem Lebendig-werden-Wollen. Und mit einem Mal entdeckten die klassischen Tanzlehrer: Na, so was von steif, so was von zeremoniell, so was von erstarrt, das kann es nicht geben, werdet mal wieder lebendig! Da gab es Laban, da gab es andere.

Alle, alle fingen sie an, lebendig zu werden. Es gab damals schon etwas wie eine lebendige Knospe an einem Baum: die Urania. Und in der Urania fanden damals schon Vorträge statt. Und dieses Mal bezog sich ein solcher Vortrag, vielleicht auch mehrere, auf den Körper. So ganz direkt auf den Körper. Und diesen Vortrag, den hörte die Elsa Gindler. Sie hörte ihn mit Erstaunen. Ja, das fiel in ihre Seele. Sie war nämlich sehr krank, diese Elsa Gindler. Sie war das dritte oder vierte Kind von Arbeitern. Arbeiter, damals in Berlin – eine sehr lebendige Gesellschaft. Sie war ein Kind von solchen Arbeitern, die sehr intelligent, sehr lebendig waren. Und in ihre

Seele fiel das hinein, dieser Vortrag. Den hielt eine Frau Hirsch. Den hielt sie aus dem, was sie schon aus Mensendieck-Büchern gelesen hatte und was sie über die Tanzlehrer wusste. In die Seele der Elsa Gindler fiel das hinein und bildete eine starke Knospe, eine lebendig-werden-wollende Knospe. Sie kam mit den Freundinnen aus dem Vortrag und sagte: Das ist es! Wir müssen anfangen, uns mit dem Körper zu befassen. Und von dem Tage an befasste sie sich für sich persönlich mit dem Körper. Erst natürlich so: Ich möchte gesund werden. Zweitens: Ich möchte den Körper finden. Beides, ich möchte den Körper finden und dadurch gesund werden. Seht ihr – sagte sie, wir müssen uns mit dem Körper beschäftigen, wie soll er sonst gesund werden?
Ich habe dann jahrelang mit Elsa Gindler gearbeitet.

Ich hatte gar keine Zeit, denn es war Erster Weltkrieg. Der Vater hatte mich gebeten und gesagt: Du bist die Älteste, sei lieb, bitte arbeite erst. Wie sollen die Kinder zur Schule gehen, wo sollen die Kinder lernen? Ich muss das Geld aufbringen für die Kinder, dass sie zur Schule gehen, dass sie die Bücher bekommen. Die großen Jungen wollen doch gern studieren. Bitte sei lieb und arbeite du mal erst.

Nun ja, ich dachte, ich hab doch ein Lehrerinnen-Examen gemacht; ich wollte die Praxis lernen. Die lernte ich dann auch und ich wurde also Lehrerin im Wedding. Elf Jahre war ich Lehrerin; elf Jahre im Wedding. Das war eine sehr aufgeschlossene Gegend. Es passierte ja damals sehr, sehr viel überall, in allen Ländern, nicht nur bei uns. Es bildeten sich Parteien, lebendige Parteien. Es bildete sich ein Wachsen-wollen überall. Und im Wedding, da hatte ich Glück, da lebten Sozialdemokraten, lebendige Sozialdemokraten, wachsame.

Erziehe dein Kind so, dass es gucken kann, dass es leben kann. Jeder Mensch hat was zum Leben in sich. So erziehe dein Kind. Und das erlebte ich, elf Jahre.

Aber ich litt. Einmal litt ich unter diesen entsetzlichen Häusern, die man Schulen nannte. Hier in Berlin war ja alles grau und trübe. Für mich besonders: Ich kam aus Hildesheim – ich kam aus Danzig. Es war sehr trübe und sehr grau, und jedes Schulgebäude wie das andere. Um Gottes willen, dachte ich, das hält man nicht aus, da musst du raus. Ja, wie sollte ich da rauskommen? Und elf Jahre bin ich dann auch nicht rausgekommen, sondern dringeblieben.

Aber jeden Nachmittag konnte ich, nachdem ich sie kennengelernt hatte, zu Elsa Gindler sausen und mich erholen. Nicht in eine Ausbildung hinein, so wie wir jetzt hier eine Ausbildungsklasse haben, dazu hätte ich ja gar kein Geld gehabt. Wo hätte das herkommen sollen? Damals kriegte man noch immer keine sozialen Unterstützungen. Das kam erst sehr langsam, als die Nöte stark und schwer wurden. Als die Parteien anfingen, sich dafür einzusetzen, dass man so etwas schaffen müsste. So kam es langsam. Wer ein Parteimitglied ist, wird vielleicht aus der Geschichte seiner Partei wissen, wie das gelaufen ist.

Und ich lief in die grauen Schulgebäude. Hin und wieder wurden wir versetzt, weil überall immer wieder die jungen Menschen fehlten, die nämlich im Krieg fielen. Eine Verlustliste nach der anderen erschien. Da fiel der Bruder einer Klassengenossin, da fielen diese und jene.

Immer schwerer wurde das und immer härter wurde auch entsprechend das Leben. Und in mir immer dieser heiße Wunsch: Da raus, da raus! Bloß wohin denn? Was macht man dann – das erträgst du nicht. Das Zweite aber, weswegen ich es wirklich nicht ertragen konnte und auch nicht für möglich hielt, dass ich es je ertragen würde – wir wurden alle, meine Kollegen auch, ohne rechte Vorbereitung in die Klassen mit den Zwölf- und Dreizehnjährigen geschickt.

Haben Sie eine Vorstellung von dreizehnjährigen Kindern? Also ich werde sie mein Leben lang nicht vergessen. Diese Kinder jedenfalls, die sicher die liebsten Kinder der Welt waren – was sollten sie mit mir anfangen? Erstens war ich so winzig und zweitens so unsicher, ich hatte ja noch nie selbständig gearbeitet, ich hatte niemals an einen Krieg geglaubt. Hinter mir, wenn ich die Treppe raufging, zeigten sie mit den Fingern und sagten: „Kiek mal, det will 'ne Lehrerin sin", und wenn ich in die Klasse reinkam, dann erschienen die Bücher von unter dem Pult, dann lagen die Beine oben auf dem Tisch. Da räkelten sich die Jungens, denen die Beine gehörten, da rum, dann grölten sie sich an – ich stand fassungslos vor diesem Erlebnis und dachte: Es gibt nur eine Rettung: Nach Hause kommen, zu Hause erzählen: Du kannst nicht mehr in die Schule gehen, du schaffst das nicht. Aber es war kein Geld da, und dann hätte man auch das älteste Kind mit unterhalten müssen. Das konnte ich nicht. Was blieb? Da blieb die Spree. Aber Selbstmord – das lag mir so ferne wie ich gar nicht beschreiben kann.

(Räkeln Sie sich mal, damit Sie das alles verdauen. Ja, ja, ich erzähl gleich weiter. Sie sehen, ich bin ganz schön redselig. Ich möchte Ihnen das so klarmachen, woher wir beide kommen, der Michel und ich.)

Also, das war dann so, wenn die Turnstunde sein sollte, dann stürzte die Hälfte dieser Kinder mit Gepolter – es war ja Krieg, sie hatten auch keine anständigen Schuhe mehr – mit dem unmöglichsten Gepolter runter, runter in den Turnsaal, und im Turnsaal die Geräte runtergelassen. Es ging nur manchmal besser, wenn schon drei Klassen im Turnsaal drin waren. So sah es auch aus: drei, vier Klassen turnten zusammen.

Ein Teil trieb sich noch auf dem Korridor rum, andere kamen überhaupt nicht, die blieben im Klassenzimmer sitzen. Und so war ein allgemeiner Tumult, wenn ich eine Turnstunde geben sollte. Wir sollten aber alle alles geben, alle Handarbeits-, alle Turnstunden, alles.

Die Jungens fehlten, die tüchtigen Jungens und die guten Lehrer. Die waren im Feld oder schon gefallen oder im Lazarett. So sah das aus.

Und so sah das wirklich für lange Zeit aus, für mich elf Jahre. Der Rektor, der nie etwas gesagt hatte, der auch nie seine Tür aufgemacht hatte, der sich überhaupt nicht geäußert hatte, der ließ mir am letzten Schultag sagen, Fräulein Goralewski möchte warten, bis er raufkäme: Er würde die Zeugnisse verteilen, die ich mühsam zusammengestoppelt hatte. Ich konnte keine Zeugnisse schreiben, ich wusste gar nicht, ob die Kinder was gelernt hatten, was sie gelernt hätten, was überhaupt geschehen war – ich kannte nur den Tumult, das Chaos.

Und dieser Rektor kam. In der Sekunde saßen meine Kinder, ohne dass er die Tür aufgemacht hätte, na, wie die Mäuschen saßen sie da. Hände gefaltet auf dem Pult, brave Kinder, die auf den Lehrer warteten. Und da sagte dieser Rektor zu mir: „Ja, Fräulein Goralewski, so geht das natürlich nicht weiter. Ich habe dennoch beschlossen, Ihnen denselben Jahrgang, das heißt also, wieder Zwölfjährige, Dreizehnjährige zu geben." Ich konnte gar nichts denken, ich konnte nur erstarren. Ich dachte: Um Gottes willen, dasselbe Durcheinander wieder! Und da sagte er weiter: „Sie werden sich wundern. Wenn Sie jetzt nach Hause gehen, sich zur Ruhe bringen – zu Hause werden Sie ja zur Ruhe kommen –, und wenn Sie dann wieder herkommen, in das neue Schuljahr hinein mit den neuen Kindern, es wird alles anders sein."

Und das ist das für mich Überraschende gewesen, in diesem halben Jahr hatte ich doch so viel begriffen, dass ich dieses oder jenes falsch gemacht hatte, nicht gesehen hatte, übersehen hatte; so dass, wie ich jetzt wieder vor der Klasse stand, ich wirklich vor dieser neuen Klasse wie ein neuer Mensch stand. Das ist noch heute für mich eine tolle Überraschung. Ich erzähle es immer den armen Mädchen, die Lehrerin sind, die jetzt so in Nöten sind, die jetzt so suchen, mit ihren Klassen fertig zu werden. In gewisser Weise haben sie es leichter, in gewisser Weise haben sie es aber auch schwerer.

Also gut. So war mein Leben bis dahin. Und etwas ging es dann besser, denn in die Spree brauchte ich nun nicht mehr. Das hätte ich ja auch wohl kaum gekonnt. Ich weiß nicht, wann ich aufgehört hätte, wahrscheinlich beim großen Zeh im Wasser. Das weiß ich natürlich nicht, das hab ich so weit gar nicht probieren müssen, nie probiert.

Und dann waren eben immer drei, vier Turnstunden zusammen; denn es wurde ja nicht nur Brot gespart, Butter gespart, Heizung. Heizung wurde doch wer weiß wie gespart, wir hatten ja kein Holz. In Danzig hätten wir vielleicht Holz gehabt, in Hildesheim bestimmt, aber hier gar nicht. Es musste alles mühsam beschafft werden. Also waren drei oder vier Turnstunden immer zusammen. Doch trotz allem, was da so geschah um uns herum, trotz aller Nöte – der liebe Freund im Lazarett, der liebste Freund gefallen –, trotz allem hatten wir doch die Ausbildung. In Berlin gab es die Ausbildung.

Berlin war ja immer eine tüchtige Stadt, eine zielbewusste Stadt, auch damals, 1914, 1915, 1916 – sehr zielbewusst. Wir besuchten also eine Ausbildungsklasse, das heißt, wir wurden vorbereitet auf den Unterricht in der Schule mit Hilfe eines Helfers. Der Rektor oder irgendein anderer Lehrer betreute den jeweiligen Anfänger. Ich wurde damals vom Rektor betreut. Und so ging diese Ausbildung wenigstens weiter.

Das half uns auch in einer gewissen Weise, die Art des Unterrichtens ein bisschen besser zu betrachten. Und ich weiß, dass dieser Rektor mehrmals zu mir sagte: „Ja, Fräulein Goralewski, in Ihrer Klasse, Sie wissen es ja selbst, herrscht eben ein Chaos." Ja, das konnte man immer noch sagen. Aber ich war nicht mehr so hoffnungslos, weil ich eben doch schon besser mich zurechtfand.

Und nun Elsa Gindler. Es war so klar in mir – diese Persönlichkeit! Das begreifen! Ich wusste noch nichts von ihr, noch nichts von ihrer Art zu unterrichten. Ich wusste nichts von dem, was sie wollte, ich war nur erschlagen von der Größe, von der Kraft, von der Lebendigkeit dieser Persönlichkeit.

Jeden Morgen vom Wedding, marsch, marsch, marsch, zur Bahn. Dann am Winterfeldtplatz schnell rausgerannt in die Turnstunde hinein, und ich arbeitete bei Elsa Gindler.

Ich sagte schon vorhin, nicht in der Ausbildung, das hätte ich nie zahlen können. Ich konnte schon sehr schwer diese Laien-Stunden bezahlen. Aber das habe ich doch immer geschafft, mit schlechtem Geld[1], mit besserem Geld, wir hatten ja dann auch sehr schlechtes Geld, nicht? Alle Kollegen brachten das Geld im Rucksack mit nach Hause, so viele Scheine, und verteilten es dann. Aber – ja, so kam ich zu Elsa Gindler.

Und so lernte ich diese Arbeit kennen, und je mehr ich da hinging, je weniger konnte ich darauf verzichten. In all den Jahren, elf Jahren, wusste ich nichts weiter als schnell, schnell, mittags Schule zu Ende, und schnell, schnell, in die andere Schule hinein.

Und eines Tages sagte diese Elsa Gindler zu mir: „Gora, Sie verstehen das alles so gut und Sie begreifen so viel, soll ich Ihnen ein Diplom geben?"[2] Ja, da hab ich nun auch wirklich gedacht, irgendwo tut sich ein Paradies auf. Von der Sekunde an wusste ich, welchen Weg ich gehen könnte, nämlich den, den Körper zu finden; mit Hilfe von Elsa Gindler den Körper zu finden.

Und seither habe ich das eben unentwegt, unentwegt und wirklich unentwegt getan. Den Weg mit Hilfe von Elsa Gindler gesucht, und den Weg, soweit ich ihn bisher gefunden habe, mit Hilfe von Elsa Gindler gefunden.

Und das ging dann viele, viele Jahre.

Ich fing mit drei Schülern an. Wir hatten weder Vorhänge an den Fenstern, noch hatten wir Haken, um die Kleider aufzuhängen. Aber wir hatten einen Raum, den ich mühsam bezahlen konnte, und wir konnten arbeiten, mit Hilfe von Elsa Gindler konnten wir arbeiten. Das ging mit den drei, vier Schülern. Erst ein kleiner Anfang, dann wurde er größer, und schließlich ist daraus diese Schule geworden.

Ich kann Ihnen nicht sagen, wie und was alles geschehen ist. Es war ja dann dieser böseste aller Kriege, dieser gemeinste aller Kriege, dieser Zweite Weltkrieg. Wieder konnte ich es nicht glauben. Ich dachte, wenn man einen ersten Krieg erlebt hat – und die, die damals lebten, hatten ja den ersten Krieg erlebt – wenn man e i n e n Krieg erlebt hat, wie kann ein zweiter sein? Aber der schrie ja, dieser Mensch da, nicht? Der schrie und er fand die Bonbons, die die Kinder essen. Die Schokolade fand er, die er seinen Leuten zuwarf. Und sagte: Da nehmt sie, nehmt sie, ich gebe euch noch viel mehr. So warf dieser Schreier den Leuten die Bonbons zu.

Sie wissen das nicht mehr. Aber ich war damals in einer ganz schwierigen Situation. Alle meine jüdischen Schüler waren im Aufbruch oder längst von diesem Schreihals weggeholt.

Ja, das geschah auch, wer konnte es fassen? Die anderen Schüler, die konnten nicht kommen. Weshalb konnten die nicht kommen? Die Angst fesselte sie. „Wenn die mich bei dir sehen, wenn die mich bei Ihnen sehen, das ist für mich gefährlich, dann bin ich ein Verräter. Das darf ich nicht." So blieben auch die anderen Schüler weg. Schrieben mir die liebsten Briefe, schrieben: „Ach, Sie müssen verstehen, ich riskiere ja alles, nicht? Mein Leben, das Leben meiner Familie, das Leben – ich riskiere alles." Und so gingen auch sie weg.[3]

Und ich stand wieder ohne alles da. Ich musste umziehen. Wie sollte ich umziehen? Ich ging von dem einen Haus, das leer stand, zu dem anderen und wollte da gern reinziehen. Sind Sie Parteimitglied? Punkt. Nein. Also kriegte ich das nicht. Nun ja, dann habe ich ein Zimmer gefunden, einen Raum gefunden, sogar eine Wohnung gefunden, in die ich einziehen konnte. Und an diesem Abend, als ich da zum ersten Mal drinstand – da stand ich so gestützt auf die Fensterbank, meine Freundin stand neben mir –, und immerzu dachte ich: Es gibt den Krieg nicht. Es gibt ihn nicht. Es gibt ihn wirklich nicht. Das kann auch dieser Schreihals nicht, das kann er nicht machen.
Am anderen Morgen fielen die ersten Kanonenschüsse.
Nun ja, so war das Leben. So fing das für mich an.

Ich möchte, dass es für Sie alle richtig gut und richtig schön wird. Dass Sie so in den Körper hineinfinden, dass es von innen heraus lebendig wird.

Und dann kam ja auch mühsam, mühsam die Schule wieder. Die alten Schüler fanden sich wieder ein. Der Krieg ging zu Ende, ja, der war zu Ende gegangen. Die alten Schüler kamen. Wir arbeiteten wieder. Drei Schüler, fünf Schüler, sechs Schüler, zehn Schüler, zwanzig Schüler. Allmählich ist daraus dieses Gebäude geworden, das wir Schule nennen.

Und dann kam der Tag, dass ich dachte: Ja, jetzt wirst du älter, noch älter, jeden Tag kannst du doch weggehen, jeden Tag kannst du doch sterben. Wär doch schade um die Schule. Es wäre schade um das, was wir in der

Schule geredet haben, getan haben, gedacht haben; was wir in dieser Schule gewollt haben.

Und eines Tages kam der Michel zu mir, sagte, er wolle mit mir arbeiten. Er probierte, und dann sagte er, ja, er wolle mit mir arbeiten.

Und dann arbeitete er, sieben Jahre lang. Immerzu arbeiteten wir zusammen, und langsam kam dann in mir der Gedanke: Er vielleicht? Ich denke, so alt bist du, du kannst jetzt ganz schnell weggehen. Du gehst heute weg oder morgen oder schon heute Nacht weg – und so kam mir langsam dieser Gedanke: Vielleicht der Michel. Er hatte so viel begriffen, er konnte wirklich das weitergeben, wie ich es ihm gegeben hatte. Nur so.

Denn inzwischen war die Elsa Gindler auch gestorben, vor lauter Kummer und Jammer und Elend. Zwei Kriege. Das war wohl sehr viel für uns. Und sie starb auch ... ihr passierte etwas Entsetzliches ... ihr ist nämlich das passiert: Sie hatte jahrelang die Leute, die zu ihr kamen, zu Beginn fotografiert. Und wieder so nach sechs Wochen, nach zwanzig Wochen wieder, um zu sehen: Was haben sie denn gelernt? Sie hatte Zeitschriften gesammelt, in denen über das neue Werden geredet wurde.

Das alles – eine einzige Bombennacht, das Haus von Elsa Gindler mit all diesen Dokumenten, mit all diesen Fotos – ja, was heißt eine Nacht – das war eine Sekunde, so kamen die Bomben vom Himmel – war es weg. Das hat vielleicht am meisten an ihrem Lebensnerv gezehrt, also, das weiß ich nicht, aber es könnte schon sein, nicht?

Aber diese Schule lebte nun doch weiter. Nachdem der Krieg zu Ende war, lebte sie weiter. Es wurde eine richtige, größere Schule, ein richtiges „Gebäude".[4]

Und immer mehr dachte ich das: Vielleicht der Michel. Der versteht es so gut. Er versteht die Elsa Gindler vielleicht noch besser als ich. Er kam von den Anthroposophen her. Er kannte einen ganz anderen Weg.

Und nun führt er tatsächlich seit den letzten drei Jahren diese Schule. Er führt sie organisatorisch überhaupt ganz alleine, da kümmere ich mich gar nicht mehr. Und unterrichten tun wir alle beide.

[1] Gemeint ist die Auszahlung des Gehalts an der Schule in der Zeit der Inflation.

[2] Über das Diplom berichtet auch Alice Aginski in ihrem Buch „Rééducation fonctionelle", S. 9, s. Literaturverzeichnis.

[3] Dieser Abschnitt ist wahrscheinlich so zu verstehen, dass Gora jüdischen Familien geholfen hat (siehe Einleitung). Außerdem fiel Gora mit ihrer Arbeit auf. Die andere Frage, ob Gora sich für die SPD oder KPD engagiert hat, lässt sich nicht beantworten.

[4] In Berlin existierte diese Schule nach Goras Tod noch bis zum Sommer 2000. Der Leiter der Schule, Michel Benjamin (1943-2018), beendete seine Lehrtätigkeit in Berlin und ging zurück nach Frankreich.

Gunter Stallmann
Spaziergänge

Auf unseren gemeinsamen Spaziergängen ergab es sich einige Male, dass Gora eine Episode aus ihrem Leben erzählte. Dies war für mich immer ein ganz besonderes Ereignis. Schon häufig hatte ich Situationen erlebt, in denen sie Schüler abwies, die sich nach ihrem persönlichen Werdegang erkundigten. Ich glaube, dass Gora auf solche Fragen deshalb meistens nicht einging, weil es ihr absolut fernlag, Aufsehen um ihre Person zu machen, und weil sie oftmals auch keinen Sinn in der Beantwortung einer Frage sah. Welchen Sinn hätte es beispielsweise gehabt, von Gora zu erfahren, warum und wodurch ihr Hüftleiden ausgelöst wurde? So nahm ich es beinahe als eine besondere Gunst, wenn Gora von sich aus von ihrem Leben erzählte. An einem Winterabend, als wir uns auf dem Nachhauseweg befanden, erzählte sie Folgendes: „Wie doch die Stunden, die Tage, Jahre verfliegen! Wie die Zeit vergeht. Jetzt bin ich schon ganz alt. Es ist noch gar nicht lange her, vor sechzig Jahren nämlich, dass ich als Lehrerin in einer Volksschule unterrichtete. In der Turnhalle sagte eines Tages eine Kollegin zu mir: ‚Gora, du machst so einen altmodischen Unterricht. Komm doch heute Nachmittag einmal mit mir, dann kannst du eine Frau kennenlernen, die einen ganz modernen Unterricht macht.' Ja, so kam ich zu Elsa Gindler, meiner Lehrerin. Von da an ging ich täglich zu ihr und gebe heute noch unter ihrem Namen das weiter, was ich bei ihr gelernt habe. Es ging alles so schnell."

Dienen

„Arbeit ist mein Leben", hörte ich Gora einmal sagen. Jeder, der sie kannte, wusste, dass es für Gora eine Trennung zwischen Arbeit und Privatleben nicht gab. Ich selbst habe es in ihren letzten zwölf Jahren miterlebt, wie unermüdlich sie vom frühen Morgen bis in den späten Abend hinein gewirkt hat. Aus Erzählungen ihres Neffen Michael weiß ich, dass sie diese Lebensweise von jeher praktizierte.

Der Tag begann für Gora gegen 5.00 Uhr in der Frühe. Sie hatte ein ausgeklügeltes System für ihre Terminplanung. Noch etwa bis zu ihrem 80. Lebensjahr machte Gora auch Hausbesuche. Bevor am Morgen die erste Unterrichtsstunde in ihrer Wohnung stattfand, hatte sie schon zahlreiche Menschen, die aus bestimmten Gründen nicht zu ihr kommen konnten, mit einem Taxi aufgesucht. Unter den Taxifahrern war der Name Goralewski lange Zeit ein Begriff. Viele Fahrer kannten sie und bemühten sich darum, sie zu fahren. Der Grund dafür lag sicherlich nicht nur in ihrer besonderen Großzügigkeit – die Trinkgelder fielen immer üppig aus – sondern vielmehr an Goras Charisma.

Ein gutes Zusammenspiel mit dem Taxiunternehmen war in der Regel gegeben, denn die Zentrale wusste im Laufe der Zeit um die Bedeutung Goras. Eines Tages klappte es nicht wie gewohnt. Gora bestellte einen Wagen, der sie in fünf Minuten abholen sollte. Aber das Taxi kam nicht. Gora stand auf der Straße und wartete und wartete. Es waren schon zehn Minuten über die Zeit, als das Auto endlich vorfuhr. Gora stieg ein und ließ ihrer Stimmung freien Lauf. „Warum kommen Sie jetzt erst? Ich habe Wichtigeres zu tun, als hier auf einen Wagen zu warten!" Der Taxifahrer entschuldigte sich. „Ja, wissen Sie, es ist meine Schuld, dass es so lange gedauert hat. Ich stand in Kreuzberg, als Ihr Funk durchgegeben wurde. Aber schon so lange wartete ich auf diese Gelegenheit, Sie einmal zu fahren. Ich wollte unbedingt wissen, wer Sie eigentlich sind. Für mich kam nur in Frage, dass Sie entweder eine berühmte Professorin aus Dahlem oder Zehlendorf seien oder ein Callgirl. So habe ich einfach durchgegeben, dass ich ganz in der Nähe stehe. Ich bin so schnell es ging gefahren, aber es dauert eben doch von Kreuzberg bis hierher so lange." Gern hätte ich Goras Schmunzeln miterlebt.

Nach den Hausbesuchen begann um 9.00 Uhr der Gruppenunterricht. Etwa sechs Unterrichtstermine bot Gora am Tag an. Zwischen zwei Stunden bestellte sie außerdem noch regelmäßig Schüler zum „Kneten", wie sie es einfach nannte.

Eine besondere Zuwendung zollte Gora den werdenden Müttern. Sie äußerte einmal: „Es ist wohl eine der wichtigsten Aufgaben, sich um das werdende Leben zu kümmern, denn gerade das ungeborene Kind bedarf einer guten Grundlage, um für das Leben gewappnet zu sein."

Ich weiß nicht, wie viele schwangere Frauen zu Gora im Laufe ihres Lebens kamen, um sich mit ihrer Hilfe auf die Geburt vorzubereiten. Bestimmt waren es Tausende.

Bis zum Schluss ihres Lebens erhielt sie von dankbaren Eltern viele, viele Geburtsanzeigen. Hätte man allein nur diese Dankespost gestapelt, es wäre ein hoher Berg geworden. Aber nicht nur die Mütter erkannten den Wert von Goras Arbeit, auch bei vielen Berliner Gynäkologen genoss sie den besten Ruf und galt als herausragende Autorität auf dem Gebiet der Geburtsvorbereitung.

Abschied

Am 4. Januar 1989 kam ich von einer Reise zurück nach Berlin. Gleich rief ich im Oberhaardter Weg an. Leonore, eine enge Vertraute von Gora, teilte mir mit, dass es Gora ausgesprochen gut ginge und dass sie mit großem Elan über die Weihnachtszeit einen zweiwöchigen Intensivkurs abgehalten hätte. Das war eine gute Nachricht. Ich freute mich und kündigte meinen Besuch bei Gora für den übernächsten Tag an.

Es war der Hl. Dreikönigstag, als ich mit meiner Freundin Renate vor Goras Tür stand. Aber welch ein Bild bot sich uns! Wir fanden einen Menschen vor, der sich anschickte, den letzten Weg zu gehen, den wir alle einmal gehen werden. Eine große Lebendigkeit, eine ungewöhnliche Tatkraft ging hier zu Ende. Aber in diesem Augenblick war es uns noch gar nicht bewusst, dass Gora im Sterben lag. Wir sahen nur, dass sie unter entsetzlichen Schmerzen litt und sehr geschwächt war.

Der Todeskampf hatte ihr schon den ganzen Tag zugesetzt, und ihre Kräfte nahmen mehr und mehr ab, aber sie war bei vollem Bewusstsein. Am Abend ließen die Schmerzen nach, und es kehrte Friede in sie ein.

Wir saßen noch eine Weile an Goras Bett. Nachdem sie uns in die Küche geschickt hatte, um den leckeren, selbstgebackenen Kuchen zu kosten, verabschiedete sie uns: „So, nun geht mal schön nach Hause. Ich bin müde und werde nun schlafen." Ganz, ganz langsam zog sie ihre Hand – diese gute Menschenhand, die sich in so viele Menschen hineingespürt und sie aufgerichtet hatte – unter der Decke hervor und reichte sie uns zum Abschied. Es war das letzte Mal, dass ich die weiche, warme, lebendige Hand in der meinen fühlte.

Etwa zwei Stunden später, gegen 22 Uhr, rief Michel an, um uns Goras Tod mitzuteilen. Sie war soeben friedlich eingeschlafen.

Gunter Stallmann: Gora – Begegnung mit einer schönen Seele, Eigenverlag, Berlin 1990

Gunter Stallmann: Lehrjahre eines Gora-Schülers, Eigenverlag, Berlin 2002

Antoinette Becker
Grabrede

Kurz bevor Gora das Haus am Oberhaardter Weg für immer verlassen hat, durfte ich noch ein Weilchen bei ihr sitzen. Sie lag friedlich in dem für sie geschnitzten Bett unter dem schottischen Plaid, mit dem kleinen Riss auf der Seite, mit dem sie mich so oft mit zärtlicher Fürsorge zugedeckt hatte. Ich saß wie am Anfang jedes Zusammenseins auf dem Hocker, fühlte meine Wirbelsäule und habe ihr, die jetzt ein anderer Atem bewegte, für uns alle für den Atem gedankt, den sie uns gegeben hat oder entdecken ließ. Auf der Stelle ihres Herzens lagen zwei dunkelrote kurze Gartenrosen neben einem länglichen Futteral mit einem Brief von Elias[1]: „Liebe Gora, ich werde immer bei Dir bleiben, auch wenn Du im Himmel bist." Daneben lag ein rosa Bonbon als Wegzehrung und Elias' kostbare versilberte Holzmedaille, die er sich vor kurzem beim Skifahren verdient hatte.

Ich durfte Goras letzte Zeilen lesen, die sie mit unsicherer Schrift, aber glasklarem Verstand, geschrieben hatte: „Neben mir sitzt oft der Elias und fragt: ‚Was kann ich für dich tun? Ich tue es gern.' Er ist wirklich mein bester Freund. Er spielt mit mir ein Würfelspiel, dann würfelt er für uns beide. Lässt manchmal mich gewinnen und manchmal sich selbst. Ich möchte so gerne allen danken, die mir so helfen zu sterben. Immer wieder kommt einer rein zu mir."

Es ergänzt, was sie mir einmal schrieb: „Aber für dann, wenn Sie, liebe Antoinette, nicht mehr arbeiten können, erhoffe ich aus tiefstem Herzen, dass Ihnen so viel Freundschaft und Hilfe entgegenkommt, wie mir schon immer." Diese Zeilen sind nicht für mich, sie sind für die Menschen des Oberhaardter Weges bestimmt. Es ist ein letzter Dank an die, mit denen sie lebte, die ihr halfen, das tägliche Leben zu bewältigen, und denen sie Mitte war. Sie hat durch sie Glück erfahren.

Vor 25 Jahren stand ich zum ersten Mal vor Gora, um die Kinder anzumelden. Ich brachte ihr Blumen. Sie betrachtete mich aufmerksam und bedankte sich mit jener leicht distanzierten Artigkeit, die ihr eigen war. Ich beugte mich zu ihr, umarmte sie, denn ich wusste nichts Besseres, um dem Ausdruck zu geben, was soeben geschehen war. So fing ein Leben mit Gora an.

Ich habe nie ganz herausbekommen, wann Goras Tag anfing und wann er gar aufhörte. Aurèle Nicolet, der große Flötist, wurde, nachdem er mich einmal geduldig, aber gelangweilt, die besondere Turnstunde meiner Kinder preisen hörte, plötzlich ganz lebendig, als ich insistierte und von Gora sprach. „Gora? Gora, mit ihr habe ich bereits um 6.00 Uhr früh geatmet und geturnt." Dies konnten viele Schauspieler und Musiker sagen, und alle wussten, dass Gora sich leidenschaftlich für ihre Arbeit interessierte.

Auch ist mir unklar geblieben, wann sie ins Theater ging, ins Konzert oder wann sie Ausstellungen besuchte. Manchmal erzählte ich Gora von einer letzten aufregenden Premiere. Nach einer Weile sagte Gora ganz still: „Ja, das habe ich auch gefunden. Ich war gestern Abend in der Aufführung." Der Name von Heidemarie Theobald möge hier für alle anderen Künstler stehen; sie sprach ihn mit verhaltener Zärtlichkeit, aber auch wie ein Connaisseur aus.

Mit komplizierten Taxibestellungen hatte sie ein Fahrtennetz organisiert, nein, ausgeklügelt, und fuhr in aller Frühe vor den regulären Turnstunden in ihrer Wohnung von einem zum anderen, ruhig, ohne Hast. Am Ende einer „Privatstunde" wählte sie manchmal – immer auswendig – eine Telefonnummer und sagte nur: „Ich komme zehn Minuten später." Sie hatte nicht die Zeit vergessen, doch sie wusste genau, dass sie jetzt gerade bei dem Menschen bleiben musste, dem sie sich zuwendete, um ihm bei seinem Fortschritt, seinem Erkennen beizustehen. Immer wieder begegnete ich Menschen jeden Alters, die an Goras Kursen teilnahmen und denen sie half, ihr Leben zu realisieren oder ihr Schicksal zu bewältigen.

Es war sehr schwer, ohne Gora auszukommen, wenn man sich einmal mit ihr auf die Ebene der Wahrnehmung, der Entdeckungen eingelassen hatte. Dies erfuhr ich selbst etwas später, als ich zum ersten Mal im Leben wirklich krank wurde. Gora kam täglich zu mir. Ich wartete auf sie wie auf einen heilbringenden Propheten. Ich hörte auf der Treppe den leichten, unregelmäßigen Schritt, den sie einer feuchten Kellerwohnung verdankte, in die sie nach den Bombennächten zog und die sie mit einem Leiden schlug, von dem sie sich nicht erholte, mit dem sie aber beeindruckend diszipliniert leben gelernt hatte.

Sie zog aus einem Beutel eine zusammengerollte, etwas verknitterte blütenweiße Trägerschürze, die sie um den zarten, aber widerstandsfähigen Leib band, und setzte sich ganz nah neben mich. Der furchtbare Schmerz saß im Rücken, doch Gora nahm seelenruhig meinen Zeh und knetete ihn leise und eindringlich. Es entstand sofort eine sehr enge Verbindung zu Gora, eine Art Aufhebung der Schranken, ein Hinabsteigen in mich selbst.

Verzeihen Sie, wenn ich diese persönlichen Erfahrungen mit Gora erzähle. Doch jeder von uns hat sie gemacht, so dass er sich damit identifizieren kann. In Goras Tun empfand man immer, man wäre der Einzige, doch der Einzige unter lauter Einzigen. Das war Goras Geheimnis.

Ich erzählte Gora vieles, was mich beschäftigte. Gora sagte wenig, doch immer so viel, dass ich wusste, sie weiß, warum ich mir um dieses oder ein anderes Kind Sorgen mache. Je länger das Kneten dauerte – so nannte Gora das, was sie tat –, desto stummer wurde ich, desto aufregender war die Wanderung durch innere Landschaften. Plötzlich sagte Gora ziemlich laut: „Das war jetzt gut."

Aus Goras Leben erfuhr ich manchmal etwas. Weihnachten in Danzig in Goras Kindheit: wie der geliebte Vater den Tannenbaum brachte, wie sehr die Familie sparsam sein musste oder vom Tod des kleinen Bruders. Oder Gora erzählte aus ihrer Ausbildungszeit als Lehrerin oder später als Schülerin von Elsa Gindler, deren pädagogischem Erbe sie ein eigenes Gesicht zu geben wusste.

Als ich einmal etwas schnell nach dem Kneten aufstehen wollte, fragte sie mich etwas irritiert: „Aber Antoinette, was müssen Sie denn so eilig tun?" Ich antwortete etwas kleinlaut, dass meine Nebenbeschäftigung heute Quittengelee wäre. „Sie sind wie meine Mutter", sagte Gora. „Ich bekam einmal eine Karte, da stand: ‚Viele Grüße, in Eile wegen Pflaumenmus. Mutter.'"

Gora wohnte in der Nassauischen Straße 6, in einer großen und doch viel zu kleinen Wohnung für die Scharen von Menschen: Erwachsene, Männer und Frauen, Jugendliche, Kinder und Babys, die Gora aufsuchten, um mit ihr nach Goras Art zu turnen. Babys turnten schon im Leib mit ihren Müttern. Goras ganze Fürsorge galt den werdenden Müttern.

Maria Heise hatte eine schwierige Geburt. Als Gora sie im Krankenhaus besuchte, sagte sie: „Es wäre ein Kaiserschnitt geworden, wenn du nicht so gut geturnt hättest. Das ist ein schönes Kind." Und dieses Lob war mehr als irgendein Lob sonst. Es gab der Mutter Zuversicht, es tröstete über vergangene Schmerzen, es zeigte Goras echtes Entzücken über das neugeborene Wunder.

Gora bewohnte in der Nassauischen Straße ein Zimmer, in dem es immer so aussah, als würde sie sogleich verreisen. Mein alter Vater, der Gora verehrte, sagte: „Elle vit sur la branche" (Sie lebt [wie ein Vogel] auf einem Zweig). Doch auf ihrem Nachttisch lagen philosophische und psychologische Bücher, Theaterstücke oder sozialpolitische Schriften, manchmal ein schönes Kinderbuch. Für Gora gab es keinen Widerspruch zwischen Aufklärung und Glauben. Sie war ein gläubiger Mensch.

Mit Gora zusammen wohnte eine etwas jüngere Freundin, Fritzi Gottschalk, die Musikunterricht gab. Als sie starb, war Gora alleine. Viele Menschen begleiteten Gora auf den Friedhof. Es lag ein Lächeln auf ihren Lippen, als ob sie in großer Ferne etwas erblickte, wonach sie Ausschau hielt. Sie trug an diesem Tag eine große Handtasche und etwas Hutartiges auf den schönen eisgrauen Haaren, eine Art „Hommage à Fritzi", die immer sehr elegant war.

Gora hatte hier in Berlin eine Schwester, für die sie beharrlich sorgte, obwohl diese es ihr nicht immer leicht machte. Goras schmale freie Zeit wurde dieser Schwester gewidmet, mit Spaziergängen um den Schlachtensee oder mit regelmäßigen Besuchen. Ihre große Liebe galt dem Sohn dieser Schwester, Michael, der mit seiner Frau Anni und zwei Kindern in Schweden lebte. „Die Schweden kommen zu Weihnachten, sie wohnen bei mir", sagte Gora und freute sich über diese Familie, die ihr

Ein-Personen-Leben auf den Kopf stellte. Manchmal flog Gora nach Schweden. Als die Schwester sterbenskrank wurde, nahm Gora sie zu sich und pflegte mit Schülern und Freunden diesen Menschen, an dem sie hing. Gora schenkte ihr die Kraft des Loslassens, sie starb einen friedlichen Tod.

Als wir Goras Schwester beerdigten, stand auf dem Friedhof ein Mann, der Gora mit Zurückhaltung, großer Aufmerksamkeit und anmutiger Effizienz behilflich war. Gora sagte zu mir: „Das ist Michel Benjamin." Mit Michel, einem Landsmann von mir, verband mich die gemeinsame Sprache, die sofort eine Verbindung „um Gora herum" schaffte. Michel stand nun in Goras Leben. Er fand das neue große Haus für Gora. Von da an bildeten Michel, seine Frau Inge Buchwald, sein Sohn Elias und Leonore Quest ihre Familie. Der Oberhaardter Weg löste die Nassauische Straße ab.

Es schien, dass Gora keinen Wert auf äußere Dinge legte. Es schien nur. Gora liebte schöne Dinge, feine Kaschmirjacken, gute Wollröcke. Als ich einmal eine Bluse bewunderte, sagte sie erfreut: „Die habe ich aus Paris mitgebracht bekommen." Sie war von äußerster Bescheidenheit, genoss es aber, verwöhnt zu werden. Sie liebte Zärtlichkeit und gab sie scheu zurück. In ihrer Anspruchslosigkeit stellte sie höchste Ansprüche an den jeweiligen Freund oder die jeweilige Freundin. In ihrer Zurückgenommenheit blieb sie wach und wachsam. Sie war ein leidenschaftlicher Mensch, der mich immer wieder mit seinem unerhörten Erinnerungsvermögen überraschte.

Sie wusste alles über unsere Kinder. Es bedurfte nie einer Erklärung, um sie an Situationen zu erinnern. So schrieb Gora manchmal einen Brief, in dem waren „Sendungen" für jedes dieser sechs Kinder, Sendungen, die deren aktuelles Befinden betrafen. Eines dieser Kinder schrieb uns einmal: „Wenn ich Euch überhaupt in Berlin besuche, dann nur wegen Gora." Es war das Beste, was es uns sagen konnte.

Einmal, als ich auf dem Bauch lag, das Gesicht in meinen verschränkten Armen begraben, fuhr Gora mit ihren Händen an meinem Schulterblatt vorbei und ließ sie liegen. Ich wartete. Sie saß so nah neben mir, dass ich merkte, wie sie etwas nach vorn fiel. Die Hände regten sich nicht, der

Strom lief weiter, ich erschrak dennoch bis ins Mark, und plötzlich fingen die Hände wieder an zu arbeiten. Später gewöhnte ich mich etwas daran, weil ich verstand, dass es sich nicht um Abwesenheit handelte oder Schlafen, sondern um Verweilen und Kraftholen.

Das letzte Mal, als ich bei Gora war, fragte ich, was ich tun solle, mich auf den Hocker setzen? „Legen Sie sich auf Goras Bett", sagte sie etwas barsch. Ich gehorchte, den Tränen nahe ob der Strenge. Sie sagte nichts, sorgte aber dafür, dass ich von Kopf bis Fuß zugedeckt war, und begann von ihrem Stuhl aus mit mir zu reden, wie zu Ihnen allen in der Stunde. Über meine Arme, meine Beine, meinen Kopf, mein Brustbein, mein Herz, das eine und das andere. Dann sprach sie über jedes der sechs Kinder, über meinen Mann. Die Tränen waren versiegt, und ich fühlte mich nach zwei Stunden zuversichtlich, leicht und bei mir selbst wie selten.

So mag es doch sehr vielen gegangen sein; wenn Gora einen kannte, erkannte sie einen.

Im Namen aller danke ich Gora. Sie ist im Beisein von Leonore, Michel und ihrem vertrauten Arzt gestorben. Wir nehmen Abschied von ihr.

[1]   Elias Benjamin, Sohn von Michel Benjamin und Inge Buchwald, damals acht Jahre alt.

Wenn du bei Nacht den Himmel anschaust,

wird es dir sein,

als lachten alle Sterne,

weil ich auf einem von ihnen wohne,

weil ich auf einem von ihnen lache.

Du allein wirst Sterne haben,

die lachen können!

[1]   Antoine de Saint-Exupéry: Der kleine Prinz, Karl Rauch Verlag, Düsseldorf 1956, S. 64

Etwa 1988, Foto Rainer Bülz,

ANHANG

Gora mit ihrem Neffen Michael, Mai 1942

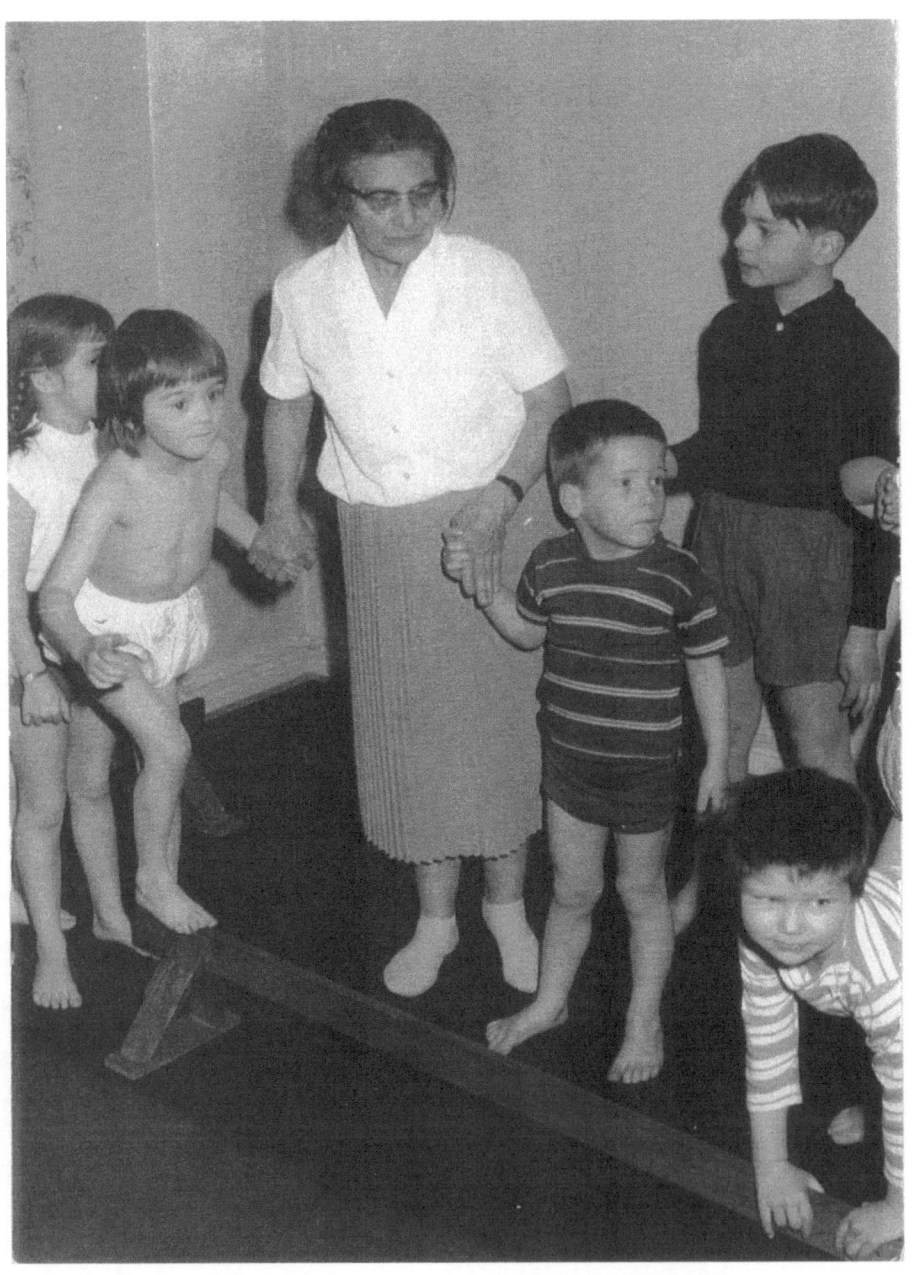

Etwa 1960

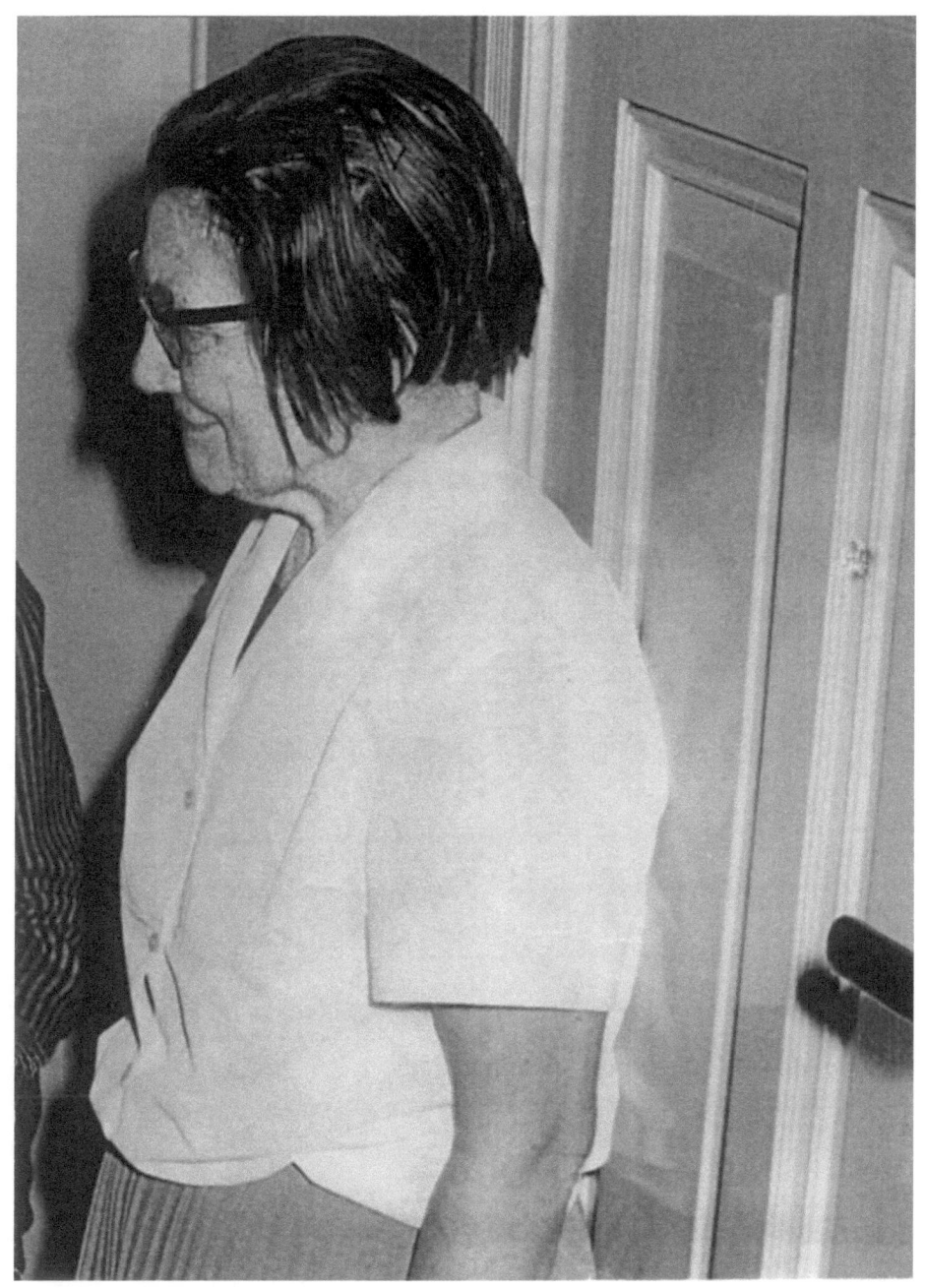

Etwa 1985

105

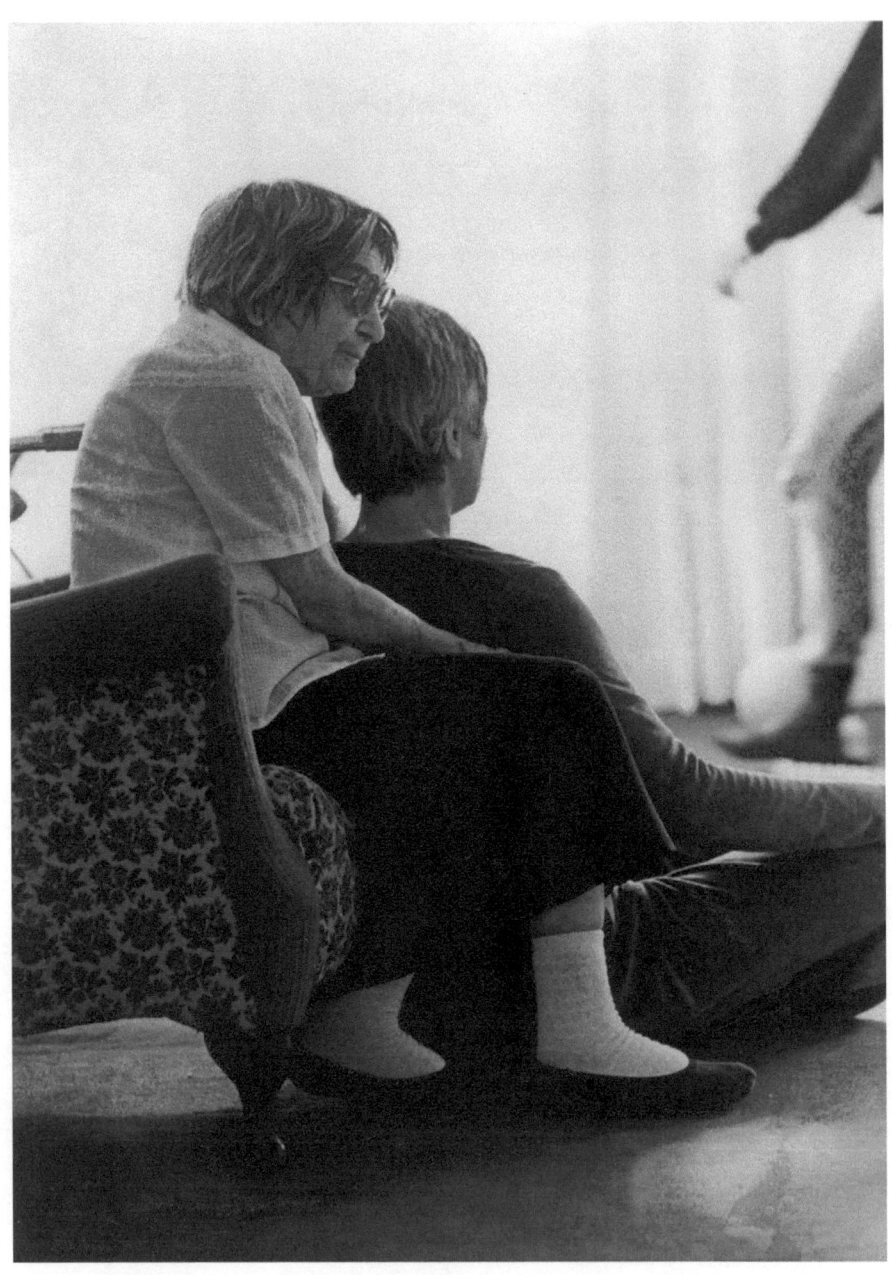

Im Oberhaardter Weg

Etwa 1982

Briefe

Gora schreibt an Dorothea Florian.
Auszüge aus Goras Briefen

1. Brief: Übungen für Schwangere

Nun ist das erste, das „dumme" Vierteljahr schon fast vorüber, und wir müssen anfangen, etwas zu tun. Nie denken, es sei noch zu früh.

Wir können immer etwas tun. Denken wir mal gleich an den Rücken. Der Rücken trägt das Kind, nicht der Bauch.

Zuerst nur liegen und atmen. Summen und auf keinen Fall die Luft einziehen, sondern warten, dass sie kommt. Es atmen lassen.

Die Beine ausschütteln, streichen. Ein paarmal Füße aufsetzen und wieder legen.
Liegen und ausruhen. Räkeln.

Füße aufsetzen, ein Knie nach rechts, eins nach links hängen lassen, ein paar Mal. Jedes Mal richtig hängen lassen. Gewicht spüren. Räkeln. Dehnen. Gähnen. Dann auf Hände und Knie kommen, Gewicht gut verteilen. Sehr sorgfältig Bauch einziehen und wieder loslassen. Dann Beine bewegen. Gut aus der Mitte, aus dem Hüftgelenk, erst das eine Bein nach hinten wegstrecken, wieder hinstellen, dann das andere Bein. So ein paar Mal.

Danach wieder auf Knien und Händen ruhen. Noch einmal Bauch einziehen und wieder loslassen. So im Knien die Wirbelsäule bewegen.

Liegen und ausruhen. Wieder sich Zeit lassen, dass es atmet. Dann die Arme bewegen, mehrere Male am Boden gleiten lassen, dann auch heben und wieder hinlegen, nicht fallen lassen. Dann noch einmal Arme bewegen.

Wieder ganz locker liegen, Arme neben dem Körper. Nun Schultern hochziehen bis an die Ohren – wieder loslassen, damit die Nackenmuskeln und Halswirbel gut durchblutet werden. Dann noch einmal Arme bewegen.

Liegen, ausruhen, atmen. Und immer wieder summen.

2. Brief

Am besten schon morgens beim Aufstehen am offenen Fenster atmen, summen. Jeden Tag die Beine schütteln und streichen, öfter einmal hochlegen. Auch das Bett, wenn sich das einrichten lässt, am Fußende hochstellen, vielleicht mit zwei Ziegelsteinen. Und, wenn es geht, jeden Tag einmal eine kurze Turnstunde.

So. Liegen und ruhen, richtig erst mal am Boden ankommen. Arme liegen locker neben dem Körper.

Erst die Hand, dann den Unterarm, dann den Oberarm heben. Arme locker in die Luft heben, halten, dann wieder fallen lassen. Im Kreuzsitz sitzen, schön gerade aufgerichtet. Das dehnt und kräftigt den Beckenboden. Sehr gut sind Wirbelbeugen, doch muss man vorher räkeln, atmen, Beine durchklopfen. Dann erst sich hinstellen, Mitte suchen und ein bisschen, erst langsam, dann schnell die Arme bewegen.

Nun erst Wirbelbeugen. Bei jeder Wirbelbeuge daran denken, dass als Erstes der Kopf sich hängt, dann die Wirbelsäule wie eine Kette abrollt. Aufrichten vom Becken her. Erst nur das Becken aufrichten und beim Aufrichten gar nichts mit dem Kopf tun.

Wenn nämlich die Wirbelsäule aufgerichtet ist, ist der Kopf sowieso oben. Der Kopf muss ja lernen, locker und beweglich auf dem obersten Halswirbel zu ruhen: Hinterkopf so schwer wie der Vorderkopf, rechte Seite so schwer wie die linke.

3. Brief

Mit dem Kopf beschäftigen wir uns am besten zuerst im Liegen. Du liegst mit aufgesetzten Füßen, dann erst mal den Bauch einziehen, damit es gut atmet. Dann ein paar Mal die Leisten heben. Ausruhen. Einige Male die Arme ausschütteln, streichen, bewegen.

Mit aufgesetzten Füßen locker liegen. Nun versucht man, den Kopf loszulassen, ihn richtig auf dem Boden ruhen zu lassen. Man kann, wenn es nicht gleich gelingen will, ein paar Mal mit den Händen vom Hinterkopf her über den Hals in den Nacken streichen. Dann: nur denken, man wolle den Kopf zur Seite drehen oder man wolle ihn anheben.

Ist er dann lockerer, so legt man die Hände gefaltet unter den Kopf, lässt sich Zeit, dass sich der Körper an die Lage gewöhnt, dann spannt man nur die Hände und Arme an und hebt den Kopf mit den Händen, aber nur millimeterweise, nur dass man gerade so eben den Kopf vom Hals weghebt. Wenn man das ein paarmal gemacht hat, räkeln und in den Kreuzsitz setzen. Das Becken ist zwischen den Beinen, der Rücken aufgerichtet. Damit das besser gelingt, muss man nur die Arme ein paarmal nach vorn, nach oben und ein kleines bisschen nach hinten tun. Ist man dann gerade, ruht das Becken richtig auf den Sitzbeinen, dann sitzt auch der Kopf locker auf dem obersten Halswirbel.

Und dann nicht den Kopf bewegen, aber denken, man wolle ihn ohne Hals nach vorn, nach hinten, nach rechts, nach links fallen lassen. Dann nochmal über den Kopf zum Hals hinunterstreichen, auch die Stirn locker machen, den Kiefer locker lassen.

Liegen und räkeln.

Für den Bauch ist noch sehr schön, dass man, wenn man ganz locker mit ausgestreckten Beinen liegt, ein Bein nur aus dem Hüftgelenk, aus der Körpermitte nur etwa einen bis einen halben Millimeter, nicht Zentimeter, anhebt. Nur anheben, wieder legen, eine Sekunde warten, dann das andere Bein. Diese Bewegung machen die Muskeln, die innen auf der Beckenschale sitzen, die werden dann auch, und mit ihnen wird der ganze Bauch durchblutet.

1983

Liebe Dorothe, wie oft ich an Sie denke, ich kann es gar nicht sagen. Wie es Ihnen geht, wie es den Kindern geht, ich möchte es zu gern wissen. Kann man sonst schon nichts zu tun kann, den Rücken, den armen, könnte man doch kneten, und unterhalten könnten wir uns über die vielen guten und bösen Dinge, die das Leben einfach so über uns ausschüttet, ohne zu sehen, wohin sie fallen und was sie anrichten. In Gedanken habe ich auch oft geschrieben, zu mehr fehlte wirklich die Zeit. Jetzt geht alles besser. Die Kinder in Schweden haben nun doch eine Wohnung gefunden, eine besonders schöne, mit allem Komfort, Spiel = platz vor der Tür, Wald vor der Tür. Grade in dem Augenblick geschah es, als ich anfing zu denken, so ginge es nicht mehr, wir mussten eine andere Lösung finden. Da sie nämlich eine ganz schlechte Unterkunft in Stockholm hatten, keine Heizung, nur ein elekt. Ofen – in dem Winter – keine Badewanne, eine Stunde Kochzeit am Tag – als ob man nicht auch mal waschen müsste – viel ärger, und das alles für teures Geld, so hatten wir Weihnachten das Kind hier behalten. Es wohnte bei meiner Schwester, und ich kümmerte mich, so gut es ging. Er hatte es gut, natürlich, liebt auch seine Großmutter, ist auch gern mit mir, aber man merkte, daß es länger wohl nicht sein dürfte. Die beiden in Stockholm zerrissen sich inzwischen. Annie war täglich unterwegs, Wohnungen ansehen, die dann schon fort waren, mit Maklern zu sprechen, die dann doch nicht halfen. Abends gingen

113

sie oft auf den Bahnhof, winkten dem Zug nach: Grüß unsern Jan. Und dann endlich klappte es. Seit 8 Wochen ist das Kind da, meine Schwester hat ihn hingebracht und sagt auch: die Wohnung wäre einmalig. Nun sind sie glücklich. mit Betten, 4 Stühlen, einem Tisch. Direkt schade, daß sie das noch nicht wissen, wie schön es ist, seine Möbel zu haben, übrigens: das Brüderchen ist vor ein paar Tagen 3 Jahre geworden. Wissen Sie noch Dorothee, wie Sie die Ringe geschmiedet haben? So viele haben immer geholfen, nun laufen sie allein. Und nun möchte ich Ihnen helfen und bin so weit und Sie sind sicher wie in Berlin. Aber auch, wenn Sie da wären, wie sollte ich helfen. Die Kinder sind schön groß inzwischen, Mathinchen ein Schulkind. Frau Häfliger, von der ich sehr grüßen soll, hat noch zwei kleine Jungen bekommen, Michael etwa 2 Jahr — tuut schon — und Andreas 9 Monate. Christinchen ist im 2. Schuljahr, sehr reizend, kann mit auch brav turnen. Jetzt sind sie in Italien. Neulich fragte auch Frau Klauke, die wenn es ihr schlecht geht, nach Berlin zum Arzt muß nach Ihnen und trug mir Grüße auf für Sie. Sie deuteten doch im letzten Brief an, vielleicht könnten Sie mal zu einem kochen ende nach Berlin, wär das schön, Dorothea. Ich würde mich so freuen, und sicher fänden wir eine Zeit, uns zu sehen. Ich grüße Sie von Herzen.

Dora.

Brief an Gunter Stallmann

Sonntagabend, 02.08.1981

Lieber Gunter, ich danke Ihnen sehr für Ihren Brief. Ich weiß genau, wie viele Mühe es gemacht hat, ihn zu schreiben; zu schreiben und abzuschicken. Ich kann mir gut vorstellen, welche Mengen im Papierkorb gelandet sind. Ich danke sehr, dass Sie geschafft haben, aus dieser großen Not zu schreiben und dass Sie es mich wissen ließen. Ich möchte so gern helfen. Ich weiß nicht den Weg, keinen anderen, als den, kommen Sie weiter, immer weiter, bis das Millimilligramm, das jede Stunde liefert, doch zu einer Kraft anwächst, die dann da ist, eben als Kraft. Aber diese kleinen, kleinen Bisschen, die kommen ja nicht durch mich, oder durch Michels große Sorgfalt, die kommen einzig durch Sie allein, durch immer wieder Dasein. Dabeisein, durch Ihr Hinhören und immer wieder neu ein bisschen mehr begreifen. Sie haben es ungeheuer schwer, Gunter, das bedeutet also im Vergleich zu vielen anderen ungeheuerliches Arbeiten an sich. Aber einmal trägt dann wohl auch Arbeit ihren Lohn. Ich denke an Sie. Ich denke auch, Gunter, dass, wenn Sie jetzt wieder da sein werden, dass Sie mithelfen werden, draußen am Hagenplatz. Da braucht Michel jede Hand, jeden Rücken, jeden Kopf. Liebe, liebe Grüße

                              Gora
Grüße an Renate.

<u>Gutschein</u> für einen Monat
Turnunterricht.

In Liebe   Bora.

Dank für den Neujahrsgruß.

Bad Soden/Taunus Grenz st. 7
Das sind Tage hier an Füßen des ver-
schneiten Taunus im warmen Hain. =
aber meiner Mutter von oben bis
unten nur verwöhnt.
                        28. XII . 56 .

Dokumente

Stadt Hildesheim
Der Oberstadtdirektor

Stadt Hildesheim · Postfach 101255 · 31112 Hildesheim

Kathrin Denizart
Landhausstr. 44

10717 Berlin

Amt	**Stadtarchiv und Stadtbibliothek**
Verwaltungsgebäude	Am Steine 7
31134 Hildesheim	
Auskunft erteilt	Frau Gaßmann
Zimmer	209
Durchwahl (0 51 21) 3 01 -	(05121) 16 81 39
Telefax (0 51 21) 3 01 -	(05121) 16 81 16
Ihre Nachricht vom, Az	20.05.1998
Mein Zeichen	421099 - Ga/Han
Datum	4. Juni 1998

Vermittlung (0 51 21) 3 01 - 0   Telex 9 27 135 sthil d

Nachforschungen Frieda Goralewski

Sehr geehrte Frau Denizart,

in der Meldekartei der Stadt (Best. 102 Nr.7427) ist der Vater Theodor Goralewski eingetragen. Dieser war von Beruf Buchhalter, Kontorist und später Kaufmann. Theodor Goralewski wurde am 28.02.1869 in Danzig geboren. Seit Februar 1893 war er mit Frieda, geborene Schwertfeger verheiratet. Frieda Schwertfeger wurde am 07.03.1872 geboren.

Frieda Goralewski ist, wie vier ihrer Geschwister, auf dem Meldeblatt des Vaters angegeben. Außerdem sind dem Meldeblatt folgende Einträge zu den Großeltern Frieda Goralewskis zu entnehmen:
- Eltern des Vaters: Leopold Goralewski, Gastwirt und Josefine, geborene Roda in Danzig.
- Eltern der Mutter: August Schwertfeger, Mehlhändler und Dorette, geborene Menge in Hildesheim.

Die Familie zog am 23.03.1908 nach Danzig in die Brandgasse 10. Dies ist der letzte Eintrag in der Meldekartei.

Mit freundlichen Grüßen
I. A.

gaßmann

(Claudia Gaßmann)

Öffnungszeiten Archiv: Di, Mi, Fr 8.00 - 16.00 Uhr, Do 11.00 - 19.00 Uhr

Konten der Stadtkasse:
Stadtsparkasse Hildesheim Nr. 316 (BLZ 259 500 01)
Kreissparkasse Hildesheim Nr. 660 (BLZ 259 501 30)
Deutsche Bank AG, Hildesheim Nr. 403 188 (BLZ 259 700 74)

Commerzbank AG, Hildesheim Nr. 2 196 004 00 (BLZ 259 400 33)
Dresdner Bank AG, Hildesheim Nr. 6 042 065 00 (BLZ 259 800 27)
Postgirokonto Hannover Nr. 2385-303 (BLZ 250 100 30)
Volksbank eG. Hildesheim Nr. 4000 916 500 (BLZ 259 900 11)

Landeseinwohneramt Berlin

FORTSETZUNG VON BLATT 001 (AUSKUNFT ÜBER GORALEWSKI ; FRIEDA)

ANSCHRIFT:
OBERHAARDTER WEG 028
BEI MICHAEL BENJAMIN
14193 BERLIN (WILMERSDORF)
WEITERE DATEN DER VERSTORBENEN PERSON:
FRÜHERE BERLINER ANSCHRIFT(EN):
- VOM 00.00.0000 BIS ZUM 29.11.1981
NASSAUISCHE STR. 002
1000 BERLIN 31 (WILMERSDORF)
****
NACHFOLGEND WEITERE ANSCHRIFTEN IM DATENBESTAND:
(OHNE MELDEDATUM) BERLIN - WILMERSDORF; RÖNNESTR. 27
01.05.1938   BERLIN - WILMERSDORF; SÄCHSISCHESTR.63
04.07.1945   BERLIN - WILMERSDORF; NACHODSTR.6
****
DIE GEBÜHR IN HÖHE VON 23,00 DM WURDE VEREINNAHMT:

120

Auszüge aus den Ausbildungskassetten zwischen dem 19.12.1983 und 11.06.1985

(...) Und nun setzen Sie sich auf. Nun streichen Sie mal durch die beiden Beine richtig ganz fest durch. Sie nehmen zwei Hände. Sie streichen von unterhalb des Kniegelenks durch den einen Oberschenkel, durch den anderen Oberschenkel. Und Sie lassen – das haben wir schon so oft gemacht – vielleicht sogar dieses Bein – von dem Sie eben schon immer wieder gesagt haben – hängt aus dem Becken – nun lassen Sie es mal aus dem Becken hängen. Und so, wie es aus dem Becken hängt, legen Sie es auf die beiden Hände. Beide Hände ein Oberschenkel, Oberschenkel ruht in der Hand. Und dann lassen Sie das wegrutschen, das Bein. Und lassen das andere ebenso hängen, liegen. Mit seinem Gewicht liegen auf den Händen. Und dann denken Sie wieder weiter – beide Beine aus dem Becken, beide Beine mit dem Becken in die Erde. Sie streichen noch mal über jeden Oberschenkel. Sie reiben dann ganz fest Ihre Lendenwirbel. Tun Sie das mal. Das sind nur kleine Hilfen. (...)

Das handelt sich dann – gehen Sie wieder vorwärts – nicht darum, dass wir etwa da eine wunderschöne Achillesferse herstellen wollen. Das nützt uns ja nicht. Sondern wir wollen eine gute Verbindung – mit Hilfe der Achillessehne, die wir ja besitzen – die Verbindung schaffen – Brustbeinspitze – mein Gang. Wirbelsäule trägt den Kopf.

Alles hängt am Schädelrand. Hineindenken. Schädelrand. Hineindenken. Oberstes Gelenk. In den Hals denken – oberstes Gelenk. Denn – Beine mit dem Becken an den fünf Lendenwirbeln. Erster Lendenwirbel am letzten Brustwirbel. Zwei Beine – das Becken – fünf Lendenwirbel hängen an den Brustwirbeln. Zwei Beine – das Becken – fünf Lendenwirbel – zwölf Brustwirbel hängen durch die Schulterblätter, die sich dehnen, die sich ganz doll dehnen können – an den Armen. Plötzlich liegen unsere Arme. Wir haben uns nur besonnen – beide Beine hängen in die Erde. Nun liegen unsere Arme. Beide Beine aus dem Becken am Schädelrand. Beide Arme. Durch das Hängen der Beine werden die Schultern gedehnt. Die Schultern legen sich weit auseinander. Unter den Schultern, unter den Schlüsselbeinen,

Rippen, Nackenmuskeln liegen die Lungen. Becken – Beine gedehnt – gibt eine tiefe Atmung durch den Körper. Die Arme legen sich, weil das gedehnt wird. Gewicht Becken – Beine. Brustbeinspitze nach unten. Und die Ferse aus dem Unterschenkel. Und der Unterschenkel aus dem Oberschenkel. Und alles hängt am Schädelrand.
Sie räkeln sich noch mal. Und bleiben dann liegen auf dem Rücken.

Sie räkeln sich jetzt und suchen Ihr Becken, suchen wirklich Ihr Becken. Und setzen dann die Füße auf. Liegen da – genießen das dann – wo ist mein Becken? Wo sind meine Schultern? Liegt mein Rücken? Und so lassen Sie dieses Becken zwischen den Beinen gleiten. Aber immer gucken – was tut denn diese Bewegung im Körper, nicht? Diese Bewegung findet Millionen mal an einem einzigen Tag statt. Im Gehen. Aber was tut sie mit mir? Ich muss nicht kaputt werden durchs Gehen. Ich muss fröhlich werden durch jeden Weg. Lebendiger werden durch jeden Weg – wenn er noch so klein ist. Nun lassen Sie Ihr Becken gleiten nach oben, sich legen auf den Boden. Aber suchen das Becken. Bewegen das Becken. Bewegen das Becken von der einen Seite nach der anderen Seite. Und immer suchen – was macht die Brustbeinspitze? Was macht der Nacken? Wie läuft das? Was bedeutet diese Bewegung in meinem Körper? Ganz gleiten lassen. Durchs Gewicht, durchs eigene, sich legen. Zwei Schultern locker. Becken hängt an der Wirbelsäule, aus dem Becken hängen die Beine. Was macht die Wirbelsäule mit diesem Gewicht? Wie reagiert sie darauf in jedem Schritt? Wie reagiert sie darauf im Sitzen? Das Becken suchen. Und doch wissen – das Becken ist es nicht, was ich suche. Ich suche das Gehen, das Sich-Bewegen, das Ineinander-Leben. Das suche ich immer. Becken gleitet, Becken legt sich. Becken gleitet, Becken legt sich. Was bedeutet das in meinem Körper? Für meine Arme? Für meine Zunge? Für meine Lippen? So räkeln Sie sich. Zwei Beine, die hängen. Aber die meinen Kopf lebendig machen. Die mich laut und fröhlich reden lassen.

16.04.1985

Und überall und überall – die Erde. Und überall – im ganzen Körper – durch den ganzen Körper durch – die Erde. Unter den Sohlen, im
Sprunggelenk, durch die beiden Beine hindurch, durch die Hüftgelenke.
Beide Beine hängen – in die Erde hinein. Das Gewicht der Beine – immer
wieder das Gewicht der Beine ausnutzen. Und jetzt noch mal so ganz
tief in sich wirklich spüren, wirklich nur spüren. Nicht die alten Stellen
wieder herbeiholen – da tut's mir weh. Das macht sich krumm. Hier bin
ich nicht in Ordnung. Das ist alles Unsinn. Sich in den ganzen Körper, so
wie er sich als Ganzes darbietet – da sich hineinspüren. Als Ganzes geht
er dann in das Schwierige hinein. Macht es uns leichter, denn im Ganzen
hilft ja eines dem anderen. So richtig – ein ganzer Mensch räkelt sich.
Ein Mensch, der ein einziger Mensch ist, der räkelt sich. Der aber genau
weiß – neben ihm viele andere Menschen, jetzt neben ihm hier im Raum.
Auf der Welt – hunderte, tausende Menschen, überall auf der Welt, alle
genau wie ich – alle. Das ist so ungeheuerlich zu denken. Alle genau wie
ich. (...)

22.04.1985

Wir haben so viel mit den Händen gemacht. Wir brauchen wirklich genauso nötig die Füße. Überlegen Sie sich's doch! Wir laufen den ganzen
Tag, von morgens bis abends. Und unser Tag ist lang. Und unser Tag ist
nicht einfach. Und wir laufen und wir laufen. Und wir setzen uns hin und
wir stehen auf. Und wir springen. Die Treppen springen wir sogar gerne
rauf und runter. Wer kann sich das eigentlich erlauben? Wenn er noch
gar nicht die Füße zum Springen hat.

29.04.1985

(...) Überall in jeder Zelle dieselbe Kraft der Erde. Das ist das Ungeheuer-
liche. Das, was wir eben – ja tausende Jahre lang verloren haben. Von
dem Moment an – Eva nahm den Apfel, gab ihn dem Adam, von dem

Moment an ging uns das Paradies verloren. Das ist lange her. Und die Luft über mir – unter mir, die Luft ist immer da. Die geht mich auch nichts an. Wenn ich im Wasser liege, ist ja auch das Wasser immer da. Vor mir – über mir – bei mir. So ist die Luft noch viel mehr da. Sie ist ja viel gegenstandsloser als das Wasser. Sie ist ja nichts, was ich in den Händen halten kann. Sie ist ja nur etwas, was ich vermuten kann. Versuchen Sie mal, in dieses hineinzukommen. Die Luft – viel wesenloser als das Wasser. Sie gleitet auch viel mehr als das Wasser. Sie reagiert auf weniger als einen Millimeter Bewegung. Ob an einer Fingerkuppe, ob in meiner Kniekehle, ganz gleich – die Luft zwischen meinen Beinen, über meinem Bauch. Die Luft unter meinen Achseln, immer da – gegenstandslos. (...) Und jetzt lassen Sie so tief – so tief innen – aber nicht heben, den Arm – das ist noch ganz weit weg – so lassen Sie sie gleiten. Unter meinem Kopf die Erde. Unter meinem Schädelrand die Erde. Was hat mein Schädel mit meinem Becken zu tun? Unter meinen Sitzbeinen die Erde. Gibt es da eine Verbindung? Und so sachte in diese Verbindung sich hineinspüren.

Und nun einmal Sitzen erspüren. Unter den Sitzbeinen die Erde. Die Erde. Die Sitzbeine verbunden mit der Stirn. Die Sitzbeine verbunden – Stirn – Hüftgelenke – Schultern. Die Sitzbeine – unter den Sitzbeinen – alle Kräfte der Erde. Ist das so bei mir? Und im Sitzen vielleicht noch mal die Augen schließen. Im Sitzen, ein Bein – anderes Bein. Aufspringen können. Was muss da vorhanden sein? Laufen können. Sich bewegen. Weiterlaufen können. Immer wieder ein Bein frei – fällt. Der Körper verlegt das Gewicht. So tief spüren. Nacken – Schädelrand – Augen. Sprunggelenke da unten. Aber Kaugelenke im Mund. Unterkiefer, Zunge – im Mund. Und alles – immer in jeder Sekunde – in jeder Sekunde – in jeder Sekunde – nie nacheinander. Nie – jetzt will ich aufstehen – und dann heben sich die Beine, nicht? Sondern alles, alles so gleichzeitig. Darin liegt vielleicht die Schwierigkeit – vielleicht. Vielleicht muss ich's wirklich nur in seiner ganzen Breite – in seinem Gesamtvorhandensein so begreifen. Das Veilchen am Wege. Die Sterne leuchten, wie Augen schön. Die Rose, die da vor mir aufgeht. Jede andere Blume, jeder, jeder Grashalm. Kleiner Grashalm. Getreide – in seinem Leben – in seinem Reifwerden.

(...) Vielleicht hängt damit auch das zusammen – Kriege gehen nie zu

Ende. Das geht immer weiter. Einer will mehr sein als der andere. Er denkt sogar, er wäre mehr. Das sind alles so böse Unterbrechungen, die wir machen, ganz alleine wir. Die Lendenwirbel, die Schultern. Unter den Sitzbeinen, die Erde. In meiner Brust, die Erde. Da lebt aber in meiner Brust mein Herz und schlägt und schlägt. Schadet nichts, wenn's dann aufhört zu schlagen. Dann sind wir nicht mehr da. Aber sofort ja immer die anderen, immer wieder Neue.

Lendenwirbel suchen. Unter den Sitzbeinen – Kräfte der Erde. Im Bauch – Kräfte der Erde. Schultergelenke und Zusammenhang – Hüftgelenke – Kräfte der Erde. Die Linien, die hindurchlaufen. Linien, die laufen – Schultergelenk – ganz senkrecht durch uns durch. Das reicht nicht. Es gibt eine Verbindung in das gegenüberliegende Hüftgelenk. Dann können wir laufen. Dann ist immer ein Bein frei, eins beweglich. So tief spüren. Und aus diesem: So-tief-gesucht-Haben, -gespürt-Haben – nun noch mal geschehen lassen. Die Hüftgelenke lassen die Beine hängen. Aus den Beinen hängen die Fersen. Aufstehen und laufen ist ja das Einfachste. Es wird oft viel Schwierigeres von uns verlangt.

30.04.1985

(...) Und so oft wird hier auch gesagt – übernehmen Sie nicht die Probleme ihres Partners, dem Sie helfen wollen, nicht? Ich höre das sehr oft, dass mir jemand sagt – was mach ich denn bloß? Sowie ich den anfasse, rutscht er in mich rein, und ich habe sein eigenes Problem. Ich werde also beengt. Und ich kann nicht mehr atmen. Wir dürfen den Partner nicht in uns reinlassen, nicht mit seinen Schwierigkeiten. Wir müssen, ja – neben ihm stehen. Wir müssen als Helfer neben ihm, vor ihm, hinter ihm stehen. Wie er es gebraucht. So, dass er mich jetzt getröstet, aufgerichtet und fröhlich verlässt – ich dann erschlagen, kaputt zurückbleibe. Das ist eine unendliche Gefahr.

Das Vielerlei macht es nicht. Die Sorgfalt im Einzelnen – die macht es! Und jetzt könnten Sie erst ein paarmal so ganz sorgsam – Hüftgelenke – die Füße zum Schneidersitz legen. Wieder wegrutschen lassen. So ganz unendlich sorgsam. Raushängen lassen, die Füße raushängen lassen aus dem Unterschenkel. Die Füße mit dem Unterschenkel aus dem Oberschenkel wirklich hängen lassen. Nie so einen Schneidersitz darstellen. Das ist's doch nicht. Die Beinbewegung ist es. Die läuft dann durch den Lendenwirbel – über das Schulterblatt – in den Schädelrand. Und dadurch würden wir dann erreichen, dass das Schulterblatt läge, es läge wirklich.

11.06.1985

(...) Wirklich das Räkeln suchen. Dieses leise, leise millimeterweise Anfangen, um in das Bewegen überhaupt hineinzukommen. Bewegen so leise, so tief innen in den Körper hinein, ganz tief, hinter die Knochen. Da setzt das ein. Hinter den Knochen, da liegen die Nerven, die Blutgefäße, die ja auch zu dem leisesten Dehnen dazugehören. Ohne Lungen, ohne durchblutet werden, ohne Atmung – keine Bewegung, nicht die leiseste.

(...) Oh, das war gut, G., so wollte ich ja, dass Sie so in die Stunde reinkämen. Das weiß ich, dass Sie das auch möchten.
G.: Ja, aber – da muss ich erst mal die Last des Tages ablegen.
Gora: Gar nicht erst die Last des Tages tragen! Wie wär denn das? Das wär doch wohl besser!
G.: Ja, ist viel besser!
Gora: Den Tag so nehmen, dass er keine Last würde, nicht? Das wäre das. Er dürfte keine werden.

Transkription: Eve Köstner

Unterrichtsstunden von Frieda Goralewski auf CD sind über die Goralewski-Gesellschaft erhältlich.
www.goralewskigesellschaft.de/aktuelles

Gabriele M. Franzen

Gora im Umfeld der Arbeit in der Tradition von Elsa Gindler[1]

Unter dem Gesichtspunkt der Entfaltung moderner Körper- und Psychotherapien

Elsa Gindler lebte und arbeitete von 1885 bis 1961 in Berlin. Um 1910 trat sie in das „Seminar für Harmonische Gymnastik" von Hedwig Kallmeyer ein, einer Schülerin der Amerikanerin Geneviève Stebbins. Ab ca. 1917 entwickelte sie ihre eigene Arbeitsweise. Ihr Einfluss auf die phänomenologische Erforschung von Geist und Körper ist nicht zu unterschätzen, auch wenn diese Zusammenhänge erst durch Nachforschungen der letzten Jahre deutlicher werden. Dabei erreichten ihre Anregungen Psycho- und Körpertherapie, Körperarbeit, Tanz und Pädagogik (Behnke 1989, Franzen 1991, 1995). In die Gestaltpsychotherapie gingen diese ein als „Sensory Awareness", dem Namen, den die Emigrantin Charlotte Selver ihrer Form der Gindler-Arbeit in den USA gab. Als solche wurde sie dann auch in Europa wieder aktueller.

„Werden Sie wieder reagierbereit!", wird als einer ihrer Kernsätze überliefert, oder auch „Natur erlauben!", statt Lebensvorgänge durch angenommene Gewohnheiten in ihren spontanen Äußerungen immer wieder zu behindern. Ausgang für das Kennenlernen solcher „Innenbewegungen" und der Bedingungen zu ihrem Auftreten ist die äußere Bewegung. Das ist aber nur möglich, wenn eine „Gymnastikstunde" zum „Laboratorium" wird: „Wenn unsere Schüler arbeiten, achten wir darauf, dass sie nicht eine Übung erlernen, sondern versuchen, durch diese Übung die Intelligenz zu vermehren" (Elsa Gindler, 1926). In ihren späteren Jahren sprach Elsa Gindler daher auch nicht mehr von Übungen, sondern von „Experimenten", von „Versuchen" und vom „Probieren" der Schüler. In der Zusammenarbeit mit Heinrich Jacoby verdeutlichte sich ihr zunehmend, wie jedes Verhalten sich nur in Bewegung äußern kann und wie Erkenntnisse im Studium von Bewegung weitreichende Bedeutung für das Gesamtverhalten bekommen. Es werden Fragen an die menschliche Natur gestellt, bei denen der Organismus als Wirk- und Lehrmeister fungieren kann. Im Stillwerden und im wachen Mitspüren können Aufgaben zu Stimuli von organismischer Selbstregulation und ganzheitlichem Reagieren werden.

Die Arbeit Elsa Gindlers stand durchaus in einem zeitgeschichtlichen Zusammenhang. Der Anfang des 20. Jahrhunderts war in Deutschland die Zeit von Jugendwanderbewegung, Vegetarismus, Spiritualismus, Naturismus, Nudismus, Biologismus, neuer Gymnastikbewegung und Neuem Deutschen (Ausdrucks-)Tanz. Es war die Zeit der Rückbesinnung auf die zunehmend verlorene Beziehung zur Natur und die Zeit des Anti-Intellektualismus – mit zunehmender Tendenz zum Irrationalismus. Viele Aktive aus den oben genannten Bewegungen konnten sich, zumindest während der ersten Jahre des Nationalsozialismus, gut einfügen in die völkische Bewegung mit ihrer Aufbruchsstimmung und dem Pathos großer Ideen.

Dagegen stand Elsa Gindler mit ihrer Ehrfurcht vor dem (auch kleinen) Leben in seinen vielfältigen Verästelungen und seiner Empfindlichkeit. Nicht nur war sie korruptionslos, sondern sie war auch – ganz im Sinne ihrer Arbeit – „reagierbereit" der neuen gesellschaftlichen Situation gegenüber. Trotz Angeboten von emigrierten Freunden, ins Ausland zu gehen, bleibt sie, wo sie am meisten gebraucht wird. Sie unterhält Kontakte zu sogenannten Staatsfeinden und Juden und unterstützt sie materiell, ideell und sozial. Auch ihre Arbeit erweitert sich zu den Umständen. So bezieht sie u. a. in ihre Versuche die Möglichkeiten des Angstbegegnens und der intensiven Erholung mit ein.[2]

Das Ablehnen fester Formen und das Folgen lebendiger Prozesse fördern unterschiedliche Ergebnisse nach Maßgabe der Ausgangsbedingungen, die vorliegen. Das ist die Natur dieser Arbeit. So haben Elsa Gindlers Schüler und Schülerinnen den Geist des Erfahrenen in ihre eigene Arbeitswelt integriert: „Lehrer, Musiker, Psychoanalytiker, Regierungsbeamte. Wo immer sie tätig waren, da wirkte sich ihr Einfluss aus" (Speads in Zeitler, 1991, S. 61). Unterschiedliche Arbeitsfelder, Fachausbildungen und persönliche Akzentuierungen prägen denn auch ihre geistige Nachkommenschaft, die zum Teil erheblich mehr Bekanntheit erlangte als sie selbst (siehe graphische Darstellung). Elsa Gindler hat ihre offiziellen Ausbildungsklassen Mitte der zwanziger Jahre beendet. Es widerstrebte ihr zunehmend, ihre Arbeit in formale Graduierungsbedingungen einzugrenzen. Einige der von ihr noch ausgebildeten „Gymnastiklehrerinnen" oder SchülerInnen, die mit ihr Kontakt hatten, haben die Entwicklung körperbezogener, pädagogischer und (psycho-)therapeutischer Ansätze in bemerkenswerter Weise beeinflusst.

Elfriede Hengstenberg spezialisierte sich auf die Arbeit mit *Kindern* (und deren Eltern). Für sie ist die natürliche Aufgabe des Kindes die eigene Entfaltung, das Entdecken der Welt und der eigenen Möglichkeiten. Wesentlich ist es, eine vertrauensvolle Umgebung für eigenes Probieren des Kindes zu ermöglichen, ohne Angst und ohne Ehrgeiz. Spannkraft entwickelt sich durch unermüdliche Überwindung von Widerständen aus eigener Initiative. In dem Buch über ihre Arbeit (Hengstenberg 1991) werden mit vielen Fotos Fallberichte dokumentiert von Kindern, wie sie mit erschreckenden Fehl„haltungen" zu ihr kommen. In geduldiger Arbeit werden Selbstvertrauen und Standvermögen wieder geweckt. Es ist beeindruckend, wie Hengstenberg immer wieder die „Probierlust" der Kinder zu begeistern vermag und was diese an Veränderungen zu Wege bringt.

Hengstenberg weiß dabei sehr wohl um den emotionalen und familiären Hintergrund der „gestörten Natur". In ihrem Zusammenhang ist dessen Ergebnis wesentlich die *Entmutigung*. Folglich ermutigt sie in ihrem Unterricht durch Bereitstellung vielfältigster sinnlicher Erfahrungen, die zweckmäßigeres Funktionieren anregen. Die dokumentierten Erfolge sind beeindruckend. Wie subtil Entmutigung und freie Entfaltung schon im frühesten Säuglingsalter beeinflusst werden können, auch ohne dass schwere Konflikte vorliegen, das zeigen die jahrzehntelangen Untersuchungen der Kinderärztin *Emmi Pikler* in ihrem Kinderheim in Budapest (Pikler 1982, 1988). Hengstenberg hat schon in den dreißiger Jahren bei Pikler unterrichtet und in der folgenden Zeit eng mit ihr zusammengearbeitet.

Sophie Ludwig unterrichtete in Berlin und vertrat bis zu ihrem Tod 1997 Gindler-Arbeit zusammen mit der Arbeit von Heinrich Jacoby. Es war ihr ein besonderes Anliegen, den grundsätzlichen und hohen Anspruch der Arbeit zu sichern und die Tradierung möglichst authentisch im Sinne der BegründerInnen zu gewährleisten. Wie schon bei Gindler und noch mehr bei Jacoby mussten die SchülerInnen bereits in ihrem Anmeldeverfahren starkes Engagement und Bereitschaft für Hausaufgaben erweisen. Ludwigs Unterrichtsspektrum war weit. Es reichte von Bewegungsversuchen bis hin zu Arbeit mit Musik, Gedichten und Zeichnungen („Hell-Dunkel-Versuche" nach Jacoby). Sie bewahrte auch den gesamten Nachlass von Gindler und Jacoby, den sie 1985, im 100. Geburtsjahr von Elsa Gindler, in die Heinrich Jacoby-Elsa Gindler-Stiftung überführte. Er ist dort einsehbar. Die Stiftung ist aktiv in Veranstaltungen, die jetzt auch die verschiedenen Gindler-Traditionslinien wieder in Austausch miteinander bringen. Sophie Ludwig ist Herausgeberin der Schriften von Heinrich Jacoby und des Buches „Elsa Gindler – von ihrem Leben und Wirken" (Ludwig, 2002).

Frieda Goralewski nannte ihre Arbeit für Menschen vom Embryo bis zum Greisenalter schlicht „Turnen", was für viele allerdings eine Ironie enthielt. Gleichwohl war dies Ausdruck der Einfachheit in ihrem Anspruch und ihrem Wesen. Sie betonte in ihrem Unterricht im Vergleich zu anderen Lehrerinnen nach Gindler die mütterliche Seite der Arbeit: das sich Erspüren in seiner Anatomie und im Atem, das Loslassen und sich Überlassen und Vertrauen in das Leben finden mehr als die Reflexion und klare Entscheidung. Ihre Offenheit und Präsenz für jeden, der kam, führte in den siebziger und achtziger Jahren zu einem Massenzulauf in ihre Stunden, die sie den ganzen Tag über gab. Fast „jeder" in Berlin war damals mal irgendwann „bei Gora" gewesen, ohne allerdings unbedingt erfahren haben zu müssen, um was es eigentlich ging. In ihren letzten Lebensjahren eröffnete ihr Schüler Michel Benjamin zusammen mit ihr ein Ausbildungsinstitut, das mit veränderter personeller Zusammensetzung bis zum Jahre 2000 bestand.

Die ehemalige Tänzerin *Gertrud Falke-Heller*, die „Falke Sisters" waren u.a. Mitglieder von Mary Wigmans erster Truppe, arbeitete in der britischen Emigration in psychiatrischen Kliniken. Dort trifft sie der deutsche Psychoanalytiker Helmuth Stolze, der daraufhin die *KBT, Konzentrative Bewegungstherapie*, entwickelt und 1959–62 gemeinsam mit Heller auf den Lindauer Psychotherapiewochen vorstellt (Heller 1949). Später wird die KBT auch noch durch Miriam Goldberg geprägt, die in Israel mit Gindler-Schülerinnen gearbeitet hatte.

Die Analytikerin *Ruth Cohn* arbeitete vor ihrer Emigration mit der Gindler-Schülerin Carola Spitz (später Speads). In New York entwickelte sie daraufhin die „Psychosomatische Analyse", bevor sie zur Themenzentrierten

Interaktion überging. Für Cohn stellt die Hereinnahme von Körperempfindungen oder Körperbewusstsein die Rückführung der Psychoanalyse (und der psychosomatischen Medizin) auf ihre ganzheitliche leib-seelische Tradition dar. Sinnhafte und sinnliche Seite von Gefühlen werden zusammengeführt, anstatt als zwei getrennte Bereiche mit gegenseitigem Einfluss betrachtet zu werden.

Vernachlässigung von Körperempfindungen sieht sie im gesellschaftshistorischen Zusammenhang und meint gar, dass diese in ihrem Ausdruck von Leibfeindlichkeit „die Abneigung gegen die Sexualität noch bei weitem übertrifft. Es könnte sehr gut sein, dass der Leistungszwang dem bewussten Erleben von Empfindungen, das eine Haltung passiven Aufnehmens fordert, eher entgegensteht als aktives Tun" (Cohn 1955, 253).

Lily Ehrenfried entwickelte ihre „Gymnastique Holistique". *Moshe Feldenkrais* (wahrscheinlich) und *Hilarion Petzold* kamen über sie in Paris mit der Gindler-Arbeit in Kontakt, ebenso *Maitre Noro* bei der Entwicklung seines Kinomichi. In ihrem Buch „Körperliche Erziehung zum seelischen Gleichgewicht" hat Ehrenfried als Ärztin allerdings eine Klarheit der Diktion, insbesondere auch in der schnellen Zuordnung von Ursache, Wirkungen und Veränderungen durch Erkennen, die in der Realität häufig so nicht vorzufinden sind (s. a. Wilhelm 1961 in „Erinnerungen").

Prof. Volkmar Glaser war als junger Medizinstudent 1933/34 Schüler von Elsa Gindler und ließ sich von dieser „Körper-Fühl-Arbeit" im Erspüren und Entwickeln seiner Vorgehensweise „Psychotonik Glaser" leiten.

Prof. Ilse Middendorf nahm neben anderen intensiv Stunden bei Elsa Gindler, bevor sie später nach der Lehre bei Cornelis Veening ihren „Erfahrbaren Atem" als Schulrichtung prägte und bekannt machte.

Die ehemalige Tänzerin und spätere Gindler-Schülerin *Elsa Lindenberg* war die Lebensgefährtin *Wilhelm Reichs* vor und während seines norwegischen Exils. „Welchen Einfluss wird sie wohl auf seine Entscheidung, direkt mit dem Körper zu arbeiten, gehabt haben? Eine faszinierende Frage" (Boadella 1990, 10). Beide standen in Oslo in engem Kontakt zu *Clare und Otto*

Fenichel, sie Gindler-Lehrerin, er der Berliner Kontrollanalytiker der beiden Perls. Wilhelm Reich, der wichtigste Lehranalytiker von F. Perls, soll in Berlin auch selbst Stunden bei Gindler genommen haben.

Größte Bekanntheit erreichte die Gindler-Arbeit durch *Charlotte Selver* nach deren Emigration in die USA. Über Fromm und andere Schüler kam sie zur New School for Social Research und in Kontakt mit der Humanistischen Psychologie. Von seinen Anfängen an unterrichtet Selver die Arbeit unter dem von ihr geprägten Namen *Sensory Awareness* im Esalen Institute[3] in Big Sur. *Fritz Perls* wurde in seinen frühen New Yorker Jahren ihr Schüler. Zusammen mit *Laura Perls* hatte er schon in Berlin Kontakt mit Gindler-Arbeit gehabt (Laura Perls 1979).

Über Allan Watts, mit dem sie auch zusammen Kurse gab, kam Charlotte Selver in Berührung mit dem Zen-Buddhismus und Shunryu Suzuki Roshi, dem Gründer der Klöster San Francisco Zen Center, Tassajara Mountain Center und Green Gulch Farm. Mit ihnen und dem inzwischen verstorbenen Suzuki war Selver seit ihrem Umzug nach Kalifornien persönlich und in ihrer Arbeit eng verbunden, ohne je selbst die formelle Schülerschaft anzutreten. Obwohl immer Gindler-Schülerinnen in Deutschland unterrichtet hatten, kam dann über den Umweg Amerika und mit der Entwicklung der Gestalttherapie in Deutschland Gindler-Arbeit seit den siebziger Jahren wieder zurück in die deutsche Öffentlichkeit, insbesondere unter Selvers Bezeichnung *Sensory Awareness* und über das gleichnamige Buch ihres ehemaligen Schülers und späteren Ehemanns und Kollegen Charles Brooks (1979).

[1] Die folgenden Ausführungen sind leicht veränderte Auszüge aus Franzen (2000) zu Elsa Gindler und Franzen (1995) zu ihrem Umfeld.

[2] Bewegende Erinnerungen von dankbaren SchülerInnen finden sich bei Zeitler (1991).

[3] Im Verlaufe unserer Interviews zu Erinnerungen an Gora stießen wir auf den merkwürdigen, zufälligen und nicht zufälligen Zusammenhang folgender Beziehungen: Der Religionswissenschaftler Frederic (Friedrich) Spiegelberg ist der Vater der langjährigen Gora-Schülerin Dorothea Florian (siehe Text). Nach seiner Emigration war er u. a. Stanford-Professor und als solcher Lehrer und „principal mentor" von Michael Murphy (Murphy, 1992), dem Begründer ebenjenes Esalen Institutes, an dem Charlotte Selver Kurse gab. Von Spiegelberg hatte er die Idee erhalten, auf seinem geerbten Land am Pazifik einen Ort zu schaffen für erlebnisorientiertes Lernen und die Begegnung von östlicher und westlicher Philosophie, Psycho- und Körpertherapien, Künstlern und religiösem Denken.

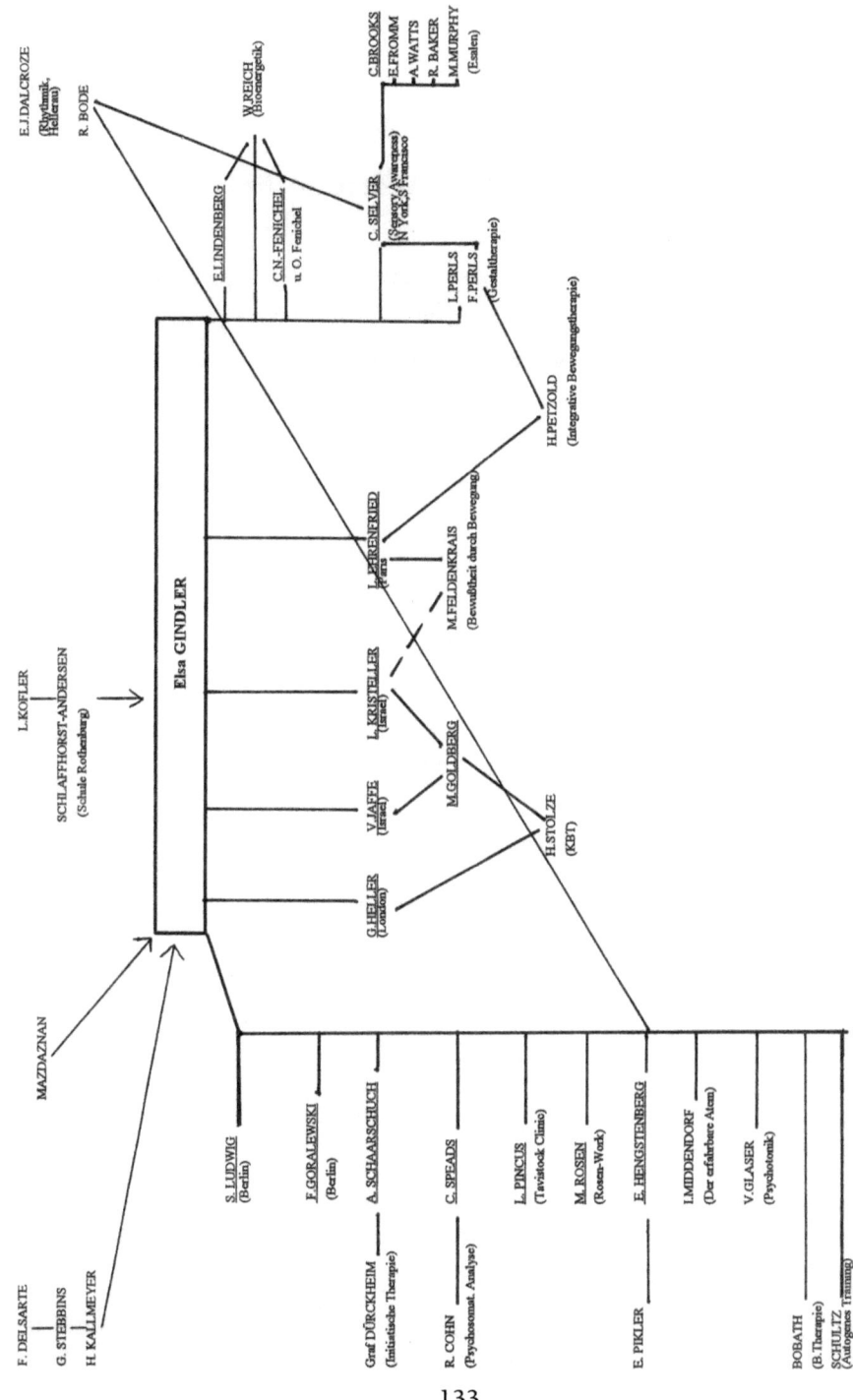

Graphische Skizze des Beziehungsfeldes um Elsa Gindler und "die Arbeit" unter dem Gesichtspunkt der Entwicklung moderner Körper- und Psychotherapien nach gegenwärtigem Kenntnisstand.Die Auswahl der SchülerInnen ist somit zweifach unvollständig. Die unterstrichenen Namen sind Gindler-Schülerinnen (1.u.2. Generation), die später selbst ausdrücklich nach ihrem Einfluß gearbeitet haben.

133

Literatur
Zusammenstellung: Gabriele M. Franzen

Aginski, Alice (1994): Sur le Chemin de la détente. Paris (Guy Trédaniel Editeur)

Aginski, Alice (2000): La rééducation fonctionelle guidée à partir du chemin de la détente. Paris (Guy Trédaniel Editeur)

Arbeitskreis Heinrich Jacoby/Elsa Gindler. Sekretariat Hannes Zahner, Sperrstr. 96, CH-4057 Basel. Bulletins und Schriftenreihe zu Persönlichkeiten und Themen aus der Arbeit

v. Arps-Aubert, Edith (2010): Das Arbeitskonzept von Elsa Gindler (1885–1961), dargestellt im Rahmen der Gymnastik der Reformpädagogik. „Zulassen, dass sich etwas verändert". Hamburg (Verlag Dr. Kovač)

Behnke, Elizabeth A. (1989): Sensory Awareness and Phenomenology: A Convergence of Traditions. In: SPPB Newsletter 2 : 1 (Spring), The Newsletter of the study project in phenomenology of the body, University of Santa Cruz, California/USA

Bertherat, Thérèse (1982): Der entspannte Körper. Schlüssel zu Vitalität, Gesundheit und Selbstbestimmung. München (Ehrenwirth)

Boadella, David (1990): Somatische Psychotherapie: Wurzeln und Traditionen. In: Energie und Charakter 1, 3-41

Bongers, Hans, Gerhard, Karin (1990): Zur Geschichte der Dore-Jacobs-Schule. In: Festschrift Dore-Jacobs-Schule

Brooks, Charles V. W. (1974): Sensory Awareness: The Rediscovery of Experiencing. Big Sur, Kalifornien, (an Esalen Book) (1979): Erleben durch die Sinne, übersetzt von Charlotte Selver, Paderborn (Junfermann)

Cohn, Ruth C. (1955): Ein Ansatz zur Psychosomatischen Analyse. In: Stolze (1989), 248–259

Ehrenfried, Lily (1957): Körperliche Erziehung zum seelischen Gleichgewicht. Somato-Therapie, ein vergessener Heilfaktor. Berlin (Heenemann)

Ehrenfried, Lily (1968): Atmen, bewegen, erkennen. Neuauflage von: Körperliche Erziehung zum seelischen Gleichgewicht. Zu beziehen über die Goralewski-Gesellschaft.

Ehrhardt, Johannes (Hrsg.) (1998): Spüren, Experimentieren, Gestalten. Impulse, die von der Elsa Gindler-Traditionslinie ausgehen und ihre Bedeutung für die künftige Bildung. Cale Papers Nr. 9, Forschungsstelle Kommunikationskultur der Universität Hannover

Franzen, Gabriele M. (1991): „Durch gymnastische Übungen die Intelligenz vermehren". Erinnerungen an Elsa Gindler. In: Tanz Aktuell, Oktober, 40–42

Franzen, Gabriele M. (1993): „*moveri*: Sich bewegen – sich bewegen lassen. Eine integrative Methode auf der Basis von Gindler-Arbeit und Tai Chi Ch'uan". Unveröffentlichter Vortrag beim 5. Internationalen Kongress für Somatotherapie an der Universität Nürnberg-Erlangen.

Franzen, Gabriele M. (1995): „Werden Sie wieder reagierbereit!" Elsa Gindler (1885–1961) und ihre Arbeit. In: Gestalttherapie 2, 3-19

Franzen, Gabriele M. (2000): Nachhause finden im Fremden. Ankoku-Butoh, Renai-Butoh und Gindlerarbeit, ein Erfahrungsbericht. In: Korrespondenzen, Zeitschrift für Theaterpädagogik, Heft 35/36, 72–77; Heft 37, 87–91

Fromm, Erich (1976): To Have or to Be? New York (Harper & Row, Publishers) (1989): Vom Haben zum Sein. Wege und Irrwege der Selbsterfahrung. Schriften aus dem Nachlass 1, übersetzt von Brigitte Stein. Weinheim (Beltz)

Gindler, Elsa (1926): Die Gymnastik des Berufsmenschen. Vortrag auf der

Düsseldorfer Ausstellung GeSoLei: „Gesundheit, Sozialarbeit und Leibesübungen". Wiederabdruck in Stolze (1989), Zeitler (1991) und Ludwig (2002)

Gindler, Elsa (1931): Vortrag anlässlich der Generalversammlung des Deutschen Gymnastikbundes. Abdruck in Ludwig, Sophie (2002), 94–125

Gindler, Elsa (2017): Neue Aufgaben der Körpererziehung. „... lauschen, wie die Bewegung verlaufen will". Berlin. Schriftenreihe der Heinrich Jacoby – Elsa Gindler – Stiftung

Goldberg, Miriam (1974): Über meine Therapie-Formel in der Konzentrativen Bewegungstherapie. In Stolze (1989), 96-101

Goldberg, Miriam (1995): Eine Minute warten. Über Aufmerksamkeit und Selbstbestimmung. Hamburg (Verlag für pädagogische Medien)

Goldberg, Miriam (2001): Im Gehen. Hrsg. Hesse-Schonig. Sanduhr Selbstverlag, Carmer Str. 4, 10623 Berlin

Haag, Marianne, **Rohloff**, Birgit (Hrsg.) (2006): Arbeiten bei Elsa Gindler. Notizen Elsa Gindlers und Berichte einer Teilnehmerin. Berlin. Schriftenreihe der Heinrich Jacoby – Elsa Gindler – Stiftung

Hanlon, Johnson (1995): Bone, Breath and Gesture: Practices of Embodiment. Berkeley, Kalifornien (North Atlantic Books)

Hanna, Thomas (1994): Das Geheimnis gesunder Bewegung. Wesen und Wirkung Funktionaler Integration. Paderborn (Junfermann)

Heinrich Jacoby-Elsa Gindler-Stiftung: Mappe zur Ausstellung über „Leben und Wirken von Elsa Gindler". „Aus dem Erleben des Widerstandes erwächst die Kraft". Berlin

Heinrich Jacoby-Elsa Gindler-Stiftung: (2015) Mappe zur Ausstellung über „Leben und Wirken von Heinrich Jacoby". Berlin

Heller, Gertrud (1949): Über meine Arbeit am Crichton Royal Hospital. In Stolze (1989), 243–247

Hengstenberg, Elfriede (1985): Elsa Gindler. In: The Charlotte Selver Foundation Bulletin 12, 11-13

Hengstenberg, Elfriede (1991): Entfaltungen. Bilder und Schilderungen aus meiner Arbeit mit Kindern. Hrsg. Ute Strub. Heidelberg (Arbor)

Jacobs, Dore (1977): Die menschliche Bewegung. Kastellaun (Aloys Henn)

Jacoby, Heinrich (1981): Jenseits von „Begabt" und „Unbegabt". Zweckmäßige Fragestellung und zweckmäßiges Verhalten – Schlüssel zur Entfaltung des Menschen. Hamburg (Christians)

Jacoby, Heinrich (1995): Jenseits von „Musikalisch" und „Unmusikalisch". Die Befreiung der schöpferischen Kräfte, dargestellt am Beispiel der Musik. Hamburg (Christians)

Jacoby, Heinrich (2003): Musik – Gespräche – Versuche 1953-1954. Dokumente eines Musikkurses. Hamburg (Christians)

Jacoby, Heinrich (2017): Erziehen – Unterrichten – Erarbeiten. Dokumentation aus Kursen in Zürich 1954/55. Berlin (Heinrich Jacoby – Elsa Gindler – Stiftung)

Jungk, Robert (1973): Der Jahrtausend-Mensch. München/Gütersloh/Wien (Bertelsmann)

Kirschner, Margaret (1995): Making Friends with Your Body. Physical Re-education Through Sensory Awareness. London (Excalibur Press)

Klinkenberg, Norbert (2002): Moshe Feldenkrais und Heinrich Jacoby – eine Begegnung. Berlin. Schriftenreihe der Heinrich Jacoby – Elsa Gindler – Stiftung

Littlewood, W.C. (1984): Words and the work. In: Collected Writings on Sensory Awareness I. The Charlotte Selver Foundation

Ludwig, Sophie (1983): In: Rudolph Weber: Interviews und Gespräche mit ehemaligen Mitarbeitern und Kursteilnehmern von Heinrich Jacoby. In: Zeitschrift für Musikpädagogik 23

Ludwig, Sophie (2002): Elsa Gindler – von ihrem Leben und Wirken. Wahrnehmen, was wir empfinden. Hrsg. Heinrich Jacoby - Elsa Gindler-Stiftung, Hamburg (Christians)

Meyer, J. E. (1974): Konzentrative Bewegungstherapie nach Elsa Gindler und ihre Grundlagen. In: Petzold, Hilarion, 157–173

Moegling, Klaus (Hrsg.) (1984): Sanfte Körpererfahrung, Bd. 2, Kassel (Kasseler Verlag)

Monjau, Mieke (1993): „... zu denen halten, die verfolgt sind". Eine biographische Befragung von B. H. Stappert. Mössingen-Talheim (Talheimer)

Murphy, Michael (1992): The Future of the Body. Explorations into the further Evolution of Human Nature. Los Angeles (Tarcher)

Nörenberg, Ruth (1970): Die Entwicklung des Entspannungsgedankens in der Gymnastik. In: Krankengymnastik, Zeitschrift für Physiotherapeuten, Heft 8

Petzold, Hilarion (Hrsg.) (1974): Psychotherapie und Körperdynamik. Verfahren psycho-physischer Bewegungs- und Körpertherapie. Paderborn (Junfermann)

Pikler, Emmi (1982): Friedliche Babys – zufriedene Mütter. Freiburg, Basel, Wien (Herder)

Pikler, Emmi (1988): Laßt mir Zeit. Die selbständige Bewegungsentwicklung des Kindes bis zum freien Gehen. München (Pflaum)

Roche, Mary Alice (1978): Foreword. In: Elsa Gindler. Bulletin 10, vol. I, Charlotte Selver Foundation

Schaarschuch, Alice (1979): Der atmende Mensch. Lösungs- und Atemtherapie in Ruhe und Bewegung. Bietigheim (Turm)

Selver, Charlotte, **Brooks,** Charles (1974): Sensory Awareness. In: Petzold, Hilarion (1974), 59–78

Sensory Awareness Foundation (ehemals Charlotte Selver Foundation): Bulletins zu Persönlichkeiten und Themen der Arbeit. In Deutschland zu beziehen über Peggy Zeitler, Mauerkircherstr. 11, 81679 München

Speads, Carola (1983): Atmen. Eine illustrierte Anleitung zur natürlichen Atmung. München (Kösel)

Stallmann, Gunter (1990): Gora. Begegnung mit einer schönen Seele. (Selbstverlag) Handjerystr. 72, 12159 Berlin

Stallmann, Gunter (2002): Lehrjahre eines Gora-Schülers. Berlin (Selbstverlag), s. o.

Steinaecker, Karoline von (2000): Luftsprünge. Anfänge moderner Körpertherapien. München, Jena (Urban & Fischer)

Stolze, Helmuth (Hrsg.) (1989): Die Konzentrative Bewegungstherapie. Grundlagen und Erfahrungen. Berlin (Springer)

Voigt, Felicitas (2004): „Ich wünschte, ich könnte mich zu Tode oder lebendig schreiben ..." Ausgewählte Protokolle und Resümees an Elsa Gindler (1949–1957) Hrsg.: T. Giele, U. Kühn, P. Möhrke, P. Wehrmann (Selbstverlag, Bestellung über Petra.Moehrke@web.de)

Watts, Allan (1984): On the Work of Charlotte Selver. In: Collected Writings on Sensory Awareness I. The Charlotte Selver Foundation, 4–6

Weber, Rudolf (2010): Die Entfaltung des Menschen – Arbeit und Bestreben Heinrich Jacobys vor dem Hintergrund seiner Biografie. Berlin. Schriftenreihe der Heinrich Jacoby-Elsa Gindler-Stiftung

Zeitler, Peggy (Hrsg.) (1991): Erinnerungen an Elsa Gindler. Berichte – Briefe –Gespräche mit Schülern. München (P. Zeitler Verlag)

Autorenverzeichnis

Antoinette Becker, 1920–1998, aufgewachsen in Straßburg, verheiratet mit Hellmut Becker, dem Gründer und Leiter des Max-Planck-Instituts für Bildungsforschung in Berlin. Sie arbeitete als Übersetzerin, Schriftstellerin und Lehrerin.

Bignia Corradini, geboren 1951 in Zürich. Lebt seit 1972 als Malerin in Berlin. Seit 1971 zahlreiche Ausstellungen im In- und Ausland, vor allem in der Schweiz. www.bigniacorradini.ch

Lisa Fehrenbach, Hebamme und Atem- und Bewegungslehrerin, Berlin.

Virginia Fermanian, Steuerberaterin, Berlin.

Heidemarie Fitzi-Theobald, 1938 in Berlin geboren. Als Schauspielerin viele Jahre Mitglied des Schiller- und Schlossparktheaters.

Dorothea Florian, geb. 1924, Goldschmiedin, 3 Kinder, alle mit Goras Hilfe zur Welt gekommen. Kontakt zu Gora 1955–89, teilweise brieflich.

Gabriele M. Franzen, AFA-Diplom als Atem- und Leibtherapeutin/-pädagogin. Seit 1975 Studium von konzentrativen Bewegungslehren und Atempädagogik mit den Schwerpunkten Tai Chi und Gindler-Arbeit (seit 1978 bei Frieda Goralewski, später Charlotte Selver). Freiberufliche Lehrtätigkeit und eigene Praxis seit 1981. Entwicklung der integrativen Methode *moveri*.

Frank Frey, München. Beschäftigt sich mit Tanz, Bewegung und Heilung.

Wolfgang Lindner, geb. 1961. Halbjährige Indienreise 1988, 7 weitere folgten bis 2002. 1992 Sivananda-Yogalehrer-Zertifikat. Seit 1990 tätig als soz.päd. Einzelfall-/Familienhelfer in der ambulanten Jugendhilfe. Seit 1994 tätig als Dozent für Gymnastik, Yoga und Körperarbeit an der Psychosozialen Kontakt- und Beratungsstelle/Psychiatrische Tagesklinik in Tempelhof, ab 1996 verstärkt Gruppenarbeit mit Seniorinnen, seit 2000 auch mit psychisch Kranken.

Ursula Müller, Musikstudium, Ausbildung bei Prof. Ilse Middendorf, lange bei Gora, ehemalige Schülerin von Willigis Jäger.

Thomas Niering arbeitet seit 1985 in freier Praxis, ab Sommer 2002 zusammen mit Leonore Quest im „Bewegungsraum am Lietzensee". Von 1986 bis 1999 Atem- und Bewegungslehrer an der Schaubühne am Lehniner Platz/Berlin. Kurse an Berliner Volkshochschulen und Dozent bei der CoachingCompanyBerlin für Camera Acting.

Leonore Quest, Bewegungslehrerin in Berlin, 1968 Ausbildung bei Prof. Ilse Middendorf, Berlin. Ab 1978 bei Frieda Goralewski und von 1984–93 Lehrerin an ihrer Schule. 1994–2002 an der Psychosomatischen Abteilung der Brandenburgklinik Bernau tätig. Seitdem in freier Praxis.

Marianne Schwandt, Kunst- und Werkerziehung, Museumspädagogik, Berlin.

Irene Sieben, Tanzpädagogin, Feldenkrais-Practitioner und Journalistin, hat durch eigenes Erleben und Reflexionen von Frieda Goralewski die Gindler-Arbeit erfahren und sie als Grundschattierung in zahlreichen Publikationen durchschimmern lassen.

Gunter Stallmann, Berlin, Atemlehrer.

Eike Steinmetz, Berlin, Regisseurin und Schauspiellehrerin.

Heinz Willig, Bildhauer, Berlin.

Ernst Zivier, geb. 1933, war ab 1962 bis zu seiner Pensionierung 1997 Jurist in der Berliner Verwaltung. Seine Frau Eva, geb. 1931, langjährige Gora-Schülerin, gestorben 2002, war Richterin, zuerst bei den Wiedergutmachungsämtern, später am Sozialgericht Berlin.